U0693722

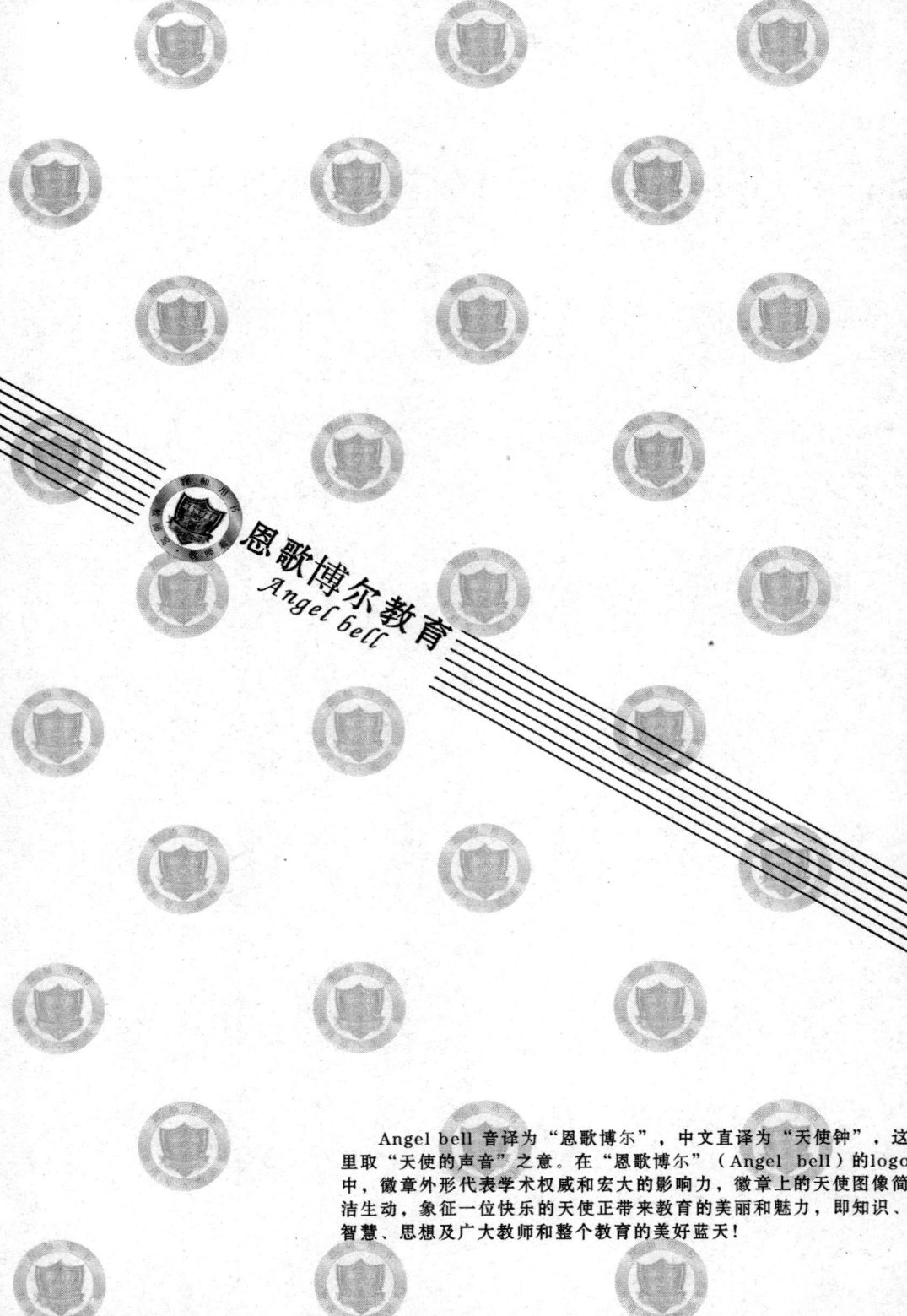

恩歌博尔教育
Angel bell

Angel bell 音译为"恩歌博尔"，中文直译为"天使钟"，这里取"天使的声音"之意。在"恩歌博尔"（Angel bell）的logo中，徽章外形代表学术权威和宏大的影响力，徽章上的天使图像简洁生动，象征一位快乐的天使正带来教育的美丽和魅力，即知识、智慧、思想及广大教师和整个教育的美好蓝天！

教师用书

教师写·教师看

XUE SHENG WANG LUO AN QUAN ZHI SHI

学生网络安全知识

主编◎王誉喜　　刘立超

东北师范大学出版社

NORTHEAST NORMAL UNIVERSITY PRESS

WWW.NENUP.COM

图书在版编目(CIP)数据

学生网络安全知识/王誉喜,刘立超主编. —长春:
东北师范大学出版社,2010.11
(学生安全教育普及知识)
ISBN 978-7-5602-6670-1

Ⅰ.①学… Ⅱ.①王…②刘… Ⅲ.①计算机网络-
安全技术-青少年读物 Ⅳ.①TP393.08-49

中国版本图书馆 CIP 数据核字(2010)第 218880 号

□责任编辑:李晓月
□责任校对:谢欣儒
□封面设计:子 小
□责任印制:张 林

东北师范大学出版社出版发行
长春市净月开发区金宝街 118 号(邮政编码:130117)
电话:0431-85601108
传真:0431-85693386
网址:www.nenup.com
电子函件:SXXX_3@163.com

北京通州运河印刷厂印装
2010 年 11 月第 1 版
2012 年 2 月第 2 次印刷

开本:650×960 1/16 印张:8 字数:140 千

定价:15.80 元

如发现印装质量问题,影响阅读,可直接与承印厂联系调换

序　言

上网就像步入社会，你可以在这个虚拟的空间里，学到有益于自己身心健康成长的东西，学到课本里没有的东西，在这里你可以得到世界上成千上万的网友的帮助。不可否认，因特网确实开拓了我们的视野，丰富了我们的生活。但在这里也能受到一些内容不健康的网站的影响，思想受到侵蚀，有可能做出犯法的事。

因特网上存在着大量的陷阱。如果不能认识到这些陷阱的危害并预防它们，那么，因特网带给我们的恐怕不再是鲜花和美酒，而是财物的浪费、秘密的泄露，更有甚者会危及到人身的安全。而且长期坐在电脑屏幕前，不仅会影响人的视力，还会改变脑电波，给身体带来不利影响。美国学者曾作过研究，认为这种不利影响首先是对脑电波的影响，会形成两种有害的脑电波，一种是睡眠性的脑电波，还有一种是快速锯齿脑电波，都会使人失去判断能力，容易使儿童患上痴呆症。

随着因特网的应用日益深入，网上的信息资源也越来越丰富，且信息涉及的领域也越来越广，其中不乏有大至国家机密、军事情报、企业策划、经济情报，小到证券投资、个人信用卡、生活隐私等方面的内容。由于因特网的开放性以及网络操作系统目前还无法杜绝的种种安全漏洞，使得一些企图非法获取别人机密的不法分子有机可乘。于是，怎样阻止不法分子的入侵，保证网上信息的安全，便被摆到了非常重要的位置。

　　本书从学生的角度出发，编排了一些基本的网络安全知识和防范措施。希望学生们能够正确客观地利用因特网的便捷，给自己的身心健康带来积极的影响。

目　　录

什么是网络

网络，简单地说，就是用物理链路将各个孤立的工作站或主机相连在一起，组成数据链路，从而达到资源共享和通信的目的。

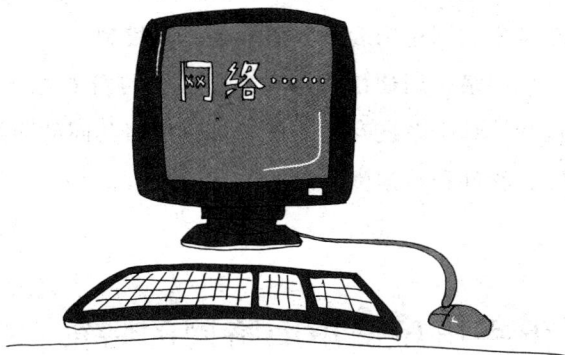

凡将地理位置不同，并具有独立功能的多个计算机系统通过通信设备和线路而连接起来，且以功能完善的网络软件（网络协议、信息交换方式及网络操作系统等）实现网络资源共享的系统，可称为计算机网络。

网络一词有多种意义，可解作：

1. 流量网络（flow network）简称为网络（network）。一般用来对管道系统、交通系统、通讯系统来建模。有时特指计算机网络（Computer Network），或特指其中的因特网（Internet）由有关联的个体组成的系统，如人际网络、交通网络、政治网络。

2. 由节点和连线构成的图。表示研究诸对象及其相互联系。有时用带箭头的连线表示从一个节点到另一个节点存在某种顺序关系。在节点或连线旁标出的数值，称为点权或线权，有时不标任何数。用数学语言说，网络是一种图，一般认为它专指加权图。网络除了数学定义外，还有具体的物理含义，即网络是从某种相同类型的实际问题中抽象出来的模型，习惯上称其为什么类型网络，如开关网络、运输网络、通信网络、计划网络等。总之，网络是从同类问题中抽象出来的用数学中的图论来表达并研究的一种模型。

计算机网络是用通信线路和通信设备将分布在不同地点的多台自治计算机系统互相连接起来，按照共同的网络协议，共享硬件、软件和数据资源的系统。

青少年用户使用因特网的特征

中国社科院的有关学者对北京、上海、广州、成都、长沙五城市青少年运用因特网状况进行了调查，数据结果显示：青少年上网的用户中，男生略多（56.6％），年级越高，用户比例越高。高中生占高中生总人数的56％，初中生占初中生总人数的36％，小学生占小学生总人数的25.8％。在用户总体中，初中生所占的比例最高，为42％，其次是小学生和高中生。调查还显示，父母学历越高，其子女用户比例越高。

调查报告还显示，近 80％的青少年用户从 1999 年开始使用因特网。上网比例最高的是家里（58％），其次是在网吧（20.45％）和父母或他人的办公室（15％）。青少年用户平均每周上网时间为 212 分钟。青少年经常使用的门户网站为新浪、搜狐、网易。青少年用户上网，60.3％的时间用于大陆中文网站，25.2％的时间用于海外中文网站，14.5％的时间用于外文网站。完全不限制子女上网的父母占 8.4％，大多数父母控制子女的上网时间。

从调查情况看，青少年用户上网目的分为实用目的、娱乐目的、网络技术使用和信息寻求。超过 50％的使用率的功能有网络游戏（62％）和聊天室（54.5％），其次是使用电子邮件（48.6％）。约 50％的青少年用户有保持电子邮件联系的朋友；25.2％的青少年用户在聊天室或 BBS 上经常发言；37.6％的青少年用户使用 OICQ 与认识或不认识的朋友联系。青少年对因特网的需求主要是"获得新闻"、"满足个人爱好"、"提高学习效率"、"研究有兴趣的问题"以及"结交新朋友"。

网络是一把双刃剑

网络作为信息技术的产物、社会文明发展的标志，以它内容的丰富性、传播的便捷化、表现的多样化、交流的互动性、时空的无限制性和虚拟化等特点，成为我们青少年学生喜闻乐见的一种学习、交流、娱乐的方式，在我们生活中占据着重要的地位。但是，我们在利用网络的同时，也应当清醒地认识到：网络是一把"双刃剑"，它在带来多彩的同时也

带来了隐晦，在带来沟通的同时也带来了谎言，在带来自由的同时也带来了放纵，谁的抵抗力差，谁就会坠入不可自拔的深渊。在我们生活中时常会看到：有的同学因沉迷于网络，荒废学业，道德缺失，进而诱发犯罪。网络的负面影响已经成为家长、学校以及全社会共同关注的一个社会问题。

网络为青少年提供了求知和学习的广阔空间

网络为青少年提供了求知和学习的广阔校园。在因特网上的虚拟学校中上课，目前已成为国外大、中学校的一种新颖的教育模式。据统计，到 2000 年 7 月为止，我国已有近 1000 家大中小学校进行了域名注册，其中有不少建立了完整的学校站点。

青少年不仅可以通过因特网及时了解学校的情况，而且可以直接学习课程，和学校的老师进行直接交流，解答疑难，获取知识。诸多的网上学校的陆续建立，为青少年的求知和学习提供了良好的途径和广阔的空间。

网络是获得信息的新渠道

因特网为青少年获得各种信息提供了新的渠道。获取信息是青少年上网的第一目的。当前青少年的关注点十分广泛，传统媒体已无法及时满足青少年这么多的兴趣点，因特网信息容量大的特点最大程度地满足了青少年的需求，为青少年提供了最为丰富的信息资源。现在，因特网正在成为青少年获取种种信息的最佳来源。

网络有助于青少年提高技能

因特网有助于青少年不断提高自身技能。美国的一些专家学者将计算机技能作为未来成功青年所必须掌握的五项基本技能之一，因为在因特网上，我们几乎可以找到涉及人类生活的所有方面的各类信息，对能够熟练使用计算机的青少年来说，可以说是取之不尽、用之不竭、学之不完的知识宝库。

网络拓宽青少年的视野和思路

因特网有助于拓宽青少年的思路和视野，加强青少年之间的交流和沟通，增强青少年的社会参与度，开发青少年内

在的潜能。因特网的包容性使上网的青少年处于和现实生活完全不同的环境中，在思考的过程中，青少年不仅锻炼了独立思考问题的能力，而且提高了对事物的分析力和判断力；网络的互动性使青少年可以通过网上聊天室或者 BBS 等方式广交朋友，参与社会问题的讨论，发表观点见解；而网络的无边无际也会极大地激发青少年的好奇心和求知欲，使其潜质和潜能有效地开发出来。

网络对青少年的"三观"构成潜在威胁

因特网对青少年的人生观、价值观和世界观的形成构成潜在威胁。因特网是一张无边无际的"网"，内容虽丰富却庞

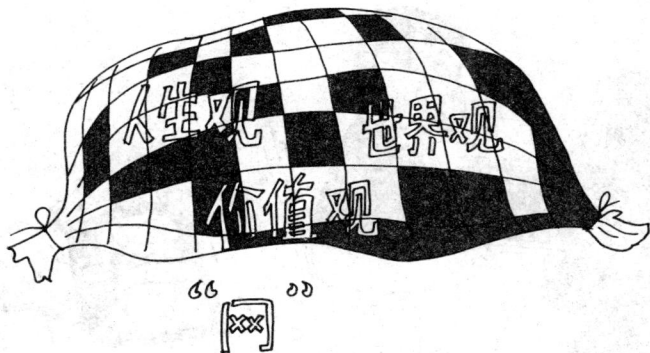

杂，良莠不齐，青少年在因特网上频繁接触西方国家的宣传论调、文化思想等，这使得他们头脑中沉淀的中国传统文化观念和我国主流意识形态形成冲突，使青少年的价值观产生

倾斜，甚至盲从西方。长此以往，对于我国青少年的人生观和意识形态必将起一种潜移默化的作用，对于国家的政治安定显然是一种潜在的巨大威胁。

沉迷网络，荒废学业

因特网使许多青少年沉溺于网络虚拟世界，脱离现实，也使一些青少年荒废学业。与现实的社会生活不同，青少年在网上面对的是一个虚拟的世界，它不仅满足了青少年尽早尽快占有各种信息的需要，也给人际交往留下了广阔的想象空间，而且不必承担现实生活中的压力和责任。虚拟世界的这些特点，使得不少青少年宁可整日沉溺于虚幻的环境中而

不愿面对现实生活。而无限制地泡在网上将对日常学习、生活产生很大的影响，严重的甚至会荒废学业。

网络不良信息和犯罪
对青少年的身心不利

因特网中的不良信息和网络犯罪对青少年的身心健康和安全构成危害和威胁。当前，网络对青少年的危害主要集中到两点：一是某些人实施诸如诈骗或性侵害之类的犯罪；另一方面就是黄色垃圾对青少年的危害。据有关专家调查，因特网上非学术性信息中，有47％与色情有关，网络使色情内容更容易传播。据不完全统计，60％的青少年虽然是在无意中接触到网上黄色信息的，但自制力较弱的青少年往往出于好奇或冲动而进一步寻找类似信息，从而深陷其中。调查还显示，在接触过网络上色情内容的青少年中，有90％以上有性犯罪行为或动机。

上网青少年的各种"症状"

一、认知上的"快餐——硬结"症

对于众多青少年而言，因特网好比知识快餐一样，大大激发了他们急于求知的强烈欲望，在鼠标轻点之间就能立刻在浩如烟海的信息海洋中找到自己所需的信息，从而大大提高了单位时间里的学习效率。而对网上各种时髦产品，他们在好奇心、求知欲的驱使下流连忘返，从不审视、怀疑它的构造成份和运转功效，整个大脑于囫囵吞枣之际成了一个受动而麻木的机器，致使许多硬结不但吞噬着青少年本应充满活力和主见的青春大脑，而且阻塞着他们对真知的认识。

二、情感上的"狂泻——冷漠"症

对于那些至今尚未完全摆脱父权主义、顺应主义教育的青少年来说，虽然在现实中其情感表露总要受到他人及社会的左右，但他们身上被压抑的诸多情感却可以在网络世界中肆意爆发。上网交友、网上聊天、在 BBS 中高谈阔论成了人们忘记权威压制、排遣孤独、宣泄不满的畅通渠道。我们观察到，尽管

因特网在一定程度上有助于青少年缓解压力、平衡心理，但过多虚拟的网上情感交流无疑让许多青少年在放飞情感的同时，总想试图将自己真实的情感深埋心底，不愿向真实世界坦露，并懒得与活生生的人进行情感交流。生活中，这些人沉默寡言，不善言谈，不为世间情感所动，显出一副冷漠姿态。因特网成了一部分人面对现实情感世界的心灵之锁。

三、意志上的"自主——膨胀"症

在因特网这一无人管理的区域内，青年人能够以己为中

心，以己需要为尺度，完全按自己的个人意志自主地利用网上资源、自主地在游戏中扮演各类角色、自主地设计令人惊叹的"小制作"、"小发明"等等，这种无拘无束、随心所欲的意志自主表现虽然在相当程度上利于青少年个性的张扬，但我们也为一部分人在极度的意志自主中"唯我独尊、唯我是大"的意志膨胀表现所震惊：一些青少年仅仅是为了显示自己的个性，总想通过自己的意志自主表现而一鸣惊人，于是在因特网上随意制造思想和舆论的巨大泡沫，甚至为了达到让世人把他当主角的目的而不惜作出损害别人数据、破坏他人网站、侵入别人系统等过激行为，以致酿发可怕的阻塞网络交通的网络地震。

什么是网络同辈群体

网络同辈群体是指青少年通过网络游戏、聊天室或聊天工具、BBS和电子邮件等网络社会交往的工具或因共同的上网爱好而结成的群体。网络同辈群体具有以下特征：第一，形成的方式和途径有别于传统的同辈群体。他们的结识方式和途径主要是通过计算机网络或在上网场所的接触。第二，其构成更加广泛。在传统的社会模式下，青少年的同辈群体主要来自于生活和学习的环境之中，生活经历和社会地位相似性高，同质性较强。而网络同辈群体则来自于不同的地域、阶级、文化背景和生活经历，来源更加广泛和复杂。第三，具有共同的兴趣、爱好和价值观念，群体内的心理认同感

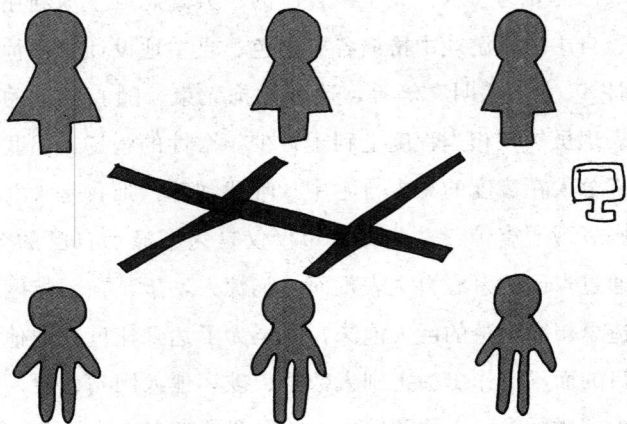

更强。

网络同辈群体的形成对青少年的影响

网络打开了青少年交往的门窗，他们有了更多的交往机会，这对青少年的社会生活无疑是有着积极的影响的。然而，网络同辈群体的形成对涉世未深的青少年来说，其消极的因素也是不可忽视的。由于青少年网络同辈群体的形成具有更大的自主选择性，家长、学校对其的控制性极大减弱。青少年在网络中结识的朋友良莠不齐，很多青少年都是从网友那里得知如何获取色情信息的渠道以及其他一些为社会规范和道德所排斥的信息，这些信息是导致青少年社会化过程中发生偏离的一个重要诱因，严重的会导致青少年社会化的中断和反社会化的倾向。近年来由于使用网络结交不良同辈群体而导致青少年犯罪和其他越轨行为的报道屡见不鲜，就是对这一消极影响的最好证明。

青少年网络文明公约

要善于网上学习，不浏览不良信息。
要诚实友好交流，不侮辱欺诈他人。
要增强自护意识，不随意约会网友。
要维护网络安全，不破坏网络秩序。
要有益身心健康，不沉溺虚拟时空。

13

青少年禁止进入营业性网吧

国家法规规定，未成年人不能进营业性网吧。现在，周末学生自由支配的时间多了，进营业性网吧的人多了，殊不知，青少年进营业性网吧害处多多。

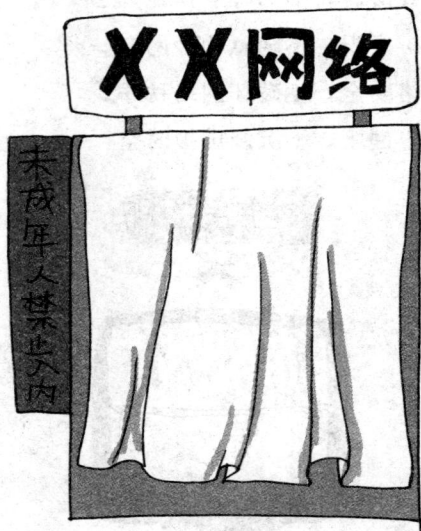

第一，摧残身体。玩电脑游戏，尤其是长时间地玩，对我们的视力和健康十分有害。当你沉迷在电脑游戏带给你的快乐中时，你的视力也在不知不觉中一天天地衰退，等你最后醒悟时，已经来不及了！可能还要搭上你曾经拥有过的健康身体。

第二，心理受损。由于网迷对上网有着很强的心理依赖，轻者影响学习、身体，严重者致使心理变态、心态扭曲。许多未成年人一旦上网，便无法把握，将太多的时间和精力花在网吧里，致使学业受影响，老师批评、家长生气、心理负担更重。此外，上网聊天，无益学习；浏览不健康的内容，极易误入歧途，走上邪路；去网吧后，上课就不能安心听老师讲课，满脑子都是电脑游戏。

第三，滋事生非。进出网吧的大多是中小学生，小的几岁，大的十七八岁。他们大多没有收入，为了能弄到进网吧的钱，有的结伙敲诈，有的偷盗抢劫。还有一类人进出网吧，纯粹是为了敲诈中小学生。经常有打架斗殴的事在网吧发生，由此可见，网吧已成为滋惹是非的一大聚集地。

第四，影响学业。玩电脑游戏，是需要时间的，如果玩电脑游戏的时间过多的话，那么，我们用来学习的时间就必然会大大地减少，除非是不用学习一看就会的天才，就我们这些普通人而言，学习成绩不下降才怪呢！记得曾在一份报纸上看到一位网迷的心声：该死的网吧呀，你夺走了我的学业、夺走了我的大学，我咬牙切齿，切肤心疼！但我就是不能自控！这个同学说：我一闭眼，就看到键盘，手指碰到任何物体都有鼠标的感觉，鼠标一点，导弹就发出了。我们无法真正进入那些网迷们的内心世界去体味他们的感受，但可以想象到他们游离的眼神、胀红的眼睛、疲惫的心理，那到底还有多少精力去学习呢？

第五，安全隐患。大多数网吧都未请专业人员安装设备，也未经消防、安全、文化、卫生等部门允许，其营业场所的电脑安放的密度、电脑走线、安全出口等都存在着不同程度的问题，而且大多数网吧进出仅一扇门，无安全通道和疏导标志，存在着巨大的安全隐患。

第六，浪费金钱。玩电脑游戏，特别浪费金钱，作为学生，零花钱主要依赖于父母，试想一下，谁家的父母愿意很爽快地给钱让我们去上网玩游戏呢？所以，为了能够进网吧上网玩电脑游戏，我们必然会巧立名目向我们的父母索取，要不然就东拼西凑、挖空心思地弄钱，哪里还有心思学习，有的同学甚至因此而走上了犯罪的不归路，这又是何苦呢？

什么是网络游戏

网络游戏，缩写为 Online Game，又称"在线游戏"，简称"网游"。指以因特网为传输媒介，以游戏运营商服务器和用户计算机为处理终端，以游戏客户端软件为信息交互窗口的旨在实现娱乐、休闲、交流和取得虚拟成就的具有相当可持续性的个体性多人在线游戏。

网络游戏对青少年的影响

根据中国因特网络信息中心（CNNIC）的最新调查结果，截至 2008 年 6 月底，中国网民数量达到 2.53 亿人，中国网民规模已跃居世界第一位。中国网民的主体仍旧是 30 岁及以下的年轻群体，这一网民群体占到中国网民的 68.6%，超过网民总数的三分之二。中国的网络游戏用户规模呈现持续快速发展的趋势，2008 年 6 月的网络使用率为 58.3%，用户规模达到 1.47 亿人，美国同期的网络游戏使用率为 35%，远低于中国。由于我国网络游戏用户规模如此之大，目前已经成为政府和业界都尤为关注的问题。网络游戏是文化、艺术和高科技的结合体，具有重大的经济和文化价值，对传承和繁荣民族文化具有重要作用。网络游戏近年来成为青少年广泛参与和关注的文化形式，对中国社会的深层影响较大。

一、网络游戏对青少年的积极影响

网络游戏种类繁多，按照内容来划分主要有 7 种：角色扮演类、策略类、动作类、模拟现实类、体育类、桌面类、竞速类。各类游戏有其自身的特点，其中有相当一部分的游戏对青少年的成长是有一定帮助的。

1. 开发大脑，提升智力

一些益智类游戏，可以通过玩家手脑的配合，令大脑通过紧张高速的运作，提高和锻炼大脑的反应灵活度，长时间锻炼可以起到开发大脑、提升智力的作用。

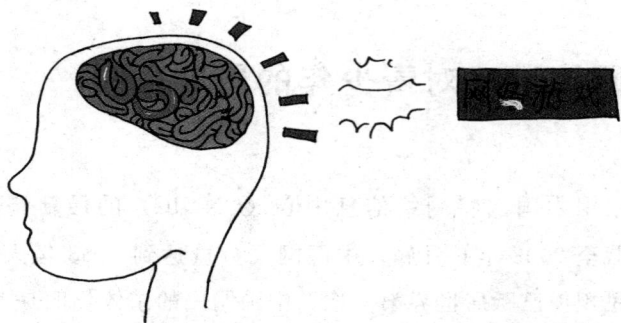

2. 培养积极性，提高创新意识

网络游戏，只要付出时间认真玩了，就会在游戏世界里取得一定成就，游戏中这样的模式可以在生活中培养出玩家一定的积极性。另外，商家还开发一些游戏能把学习和娱乐结合在一起，激发青少年学习的兴趣和积极性。有的网络游戏让玩家在玩的过程中，能认识自己的长处和优势，在虚拟的世界比在现实生活里更容易突破常规，勇于尝试，从而渐渐激发出个体的创新意识，完善自己。

3. 减缓压力，增强自信心

青少年在工作和学习中，必定面临种种压力，游戏也是一种娱乐方式，玩家可以在游戏中转移注意力，放松心情，减轻压力。一些角色扮演游戏，可以让玩家在游戏中大显身手，减压的同时使他们相信自己的能力，培养了自身的成就感，增强了自信心。

4. 磨炼意志，增强团队配合精神

几乎所有的网络游戏比拼的都是耐力和时间，在游戏中取得成功，也是要付出很多的努力，玩家们通常在游戏中能磨炼自己的耐力和意志。还有很多的游戏是需要成员间的相互配合，在游戏中玩家必须配合得当才可能获得成功，这样潜移默化地增强了游戏用户的团队配合精神。

二、网络游戏对青少年的负面影响

网络游戏是一把双刃剑，在给网民提供更多娱乐选择的同时，也存在一些青少年沉溺网络游戏而影响正常工作、学习、生活的负面问题。

1. 对青少年生理方面的影响

据调查报告显示，玩角色扮演类网络游戏的玩家，每周平均玩游戏的时间是 11.9 小时，玩家玩此类游戏时间的差别比较大，游戏时长标准差达到 14.3 小时/周。这就意味着，有一部分玩家耗费过多的时间在此类游戏上。这样沉迷于游戏，生活规律严重被打破，很多沉迷网络游戏的青少年还伴随有吸烟和饮酒等不良习惯。专家称，长期的作息不稳会导致植物神经功能紊乱，体内激素水平失衡，免疫功能降低，继而睡眠质量、食欲、体质均下降，精神萎靡不振，引发一系列连带症状。也有专家称，长时间玩网络游戏，思维模式单一固化，会影响人的智力水平。

2. 对青少年生活、心理层面的影响

过多地沉迷于网络游戏，除了影响青少年正常的工作和学习之外，还容易导致他们混淆虚拟世界与现实世界。在虚拟世界里，玩家们的游戏行为基本都是虚拟行为，他们不顾及虚拟行为所带来的后果，有很多玩家在游戏中以级别高而任意"杀人"，甚至以此为乐。这种虚拟行为，把人性本能深处潜在的占有欲、报复心等丑恶面，都调动了起来，对玩家的人格产生直接的影响。游戏中，以暴力、血腥或色情为特点的网络游戏对青少年心理产生的负面影响极大。有专家认为，一些沉溺于网络游戏的青少年，会由于不能实现其在现实社会和网络社会这两个不同的生活世界中的角色转换，从而造成现实生活中思想和行为的错位。在现实世界中青少年很容易出现情

现实
虚拟

绪波动、注意力程度下降、以自我为中心的情况。长期处于虚拟世界中的他们，在生活中时常会感觉角色难以调适，有的倾向于抑郁、敏感、退缩、自卑以及缺乏社交勇气，有的倾向于焦虑、急躁、叛逆、暴力，少数严重的，时常有超出常人想象的想法以及越轨行为，一部分最终走上犯罪的道路。

对网络游戏负面影响应采取的措施

一个人在学生阶段是生理、心理成长，人生观、价值观形成的关键性时刻。对网络游戏的负面影响如果不采取适当的措施，对社会的危害性将很大，必须从三方面着手采取相应的措施：

1. 加强游戏开发商的自律

网络游戏是网络文化的一部分，商家耗费高成本开发网络游戏的主要目的是赢利，但是由于其受众群体的特殊性，商家不能仅仅把网络游戏看做一个赚钱工具，因此不能单纯地从经济价值上来看待网络游戏产业。开发商首先要抓住基本的一点就是遵纪守法，合法经营。网游开发商一定要认识到自身所担负的社会责任。从长远来看，网络游戏开发商不能只看眼前利益，要克服自身弱点，争取长期良性的发展。客观上来说中国本土的网络游戏产业也承担着传播我国民族文化，教育受众的社会责任。网络游戏不仅仅是游戏产业，它更是影响社会生活的重要文化因素。作为文化产业中影响范围越来越大、越来越重要的一部分，网络游戏的文化性、思想性是游戏开发商慎重考虑的问题。我国的网络游戏行业应该走健康娱乐的发展道路。

2. 青少年要提高自身对网络游戏负面影响的认识

网络游戏是一种能有效帮助青少年迎接挑战，减轻工作学习压力，结交朋友的娱乐工具。但是沉迷于其中却会严重影响到工作和学习。青少年的主要任务还是学习和工作，所以应该合理支配时间，把自己的身心健康放在第一位，玩网络游戏要有选择，态度要端正。

3. 加强社会力量的监管和引导

加强社会力量的双重监管和引导。这里所说的双重监管引导指的是针对网络游戏开发商和游戏玩家双方的监管和引导。相关部门应制定和完善相关的法律法规，加强对游戏开发商的监管和引导。对于含有色情、暴力等不健康因素的网络游戏应坚决予以取缔。明确适合不同年龄层次的网络游戏，实行分级准入制度。同时，鼓励游戏开发商开发适合青少年的、积极向上的网络游戏，必要时对游戏开发商还可采取政府奖励制度。

加强对网络游戏玩家的监管和引导。实行网络游戏实名制，对于不适合该游戏的玩家限制进入，坚决制止未成年人进入网吧等娱乐场所。同时，从学校和社会多方面加强不健康网络游戏危害的宣传力度，为青少年开辟健康、绿色的上网环境。

总之，我们应该看到网络游戏既有利又有弊，不可否认网络游戏作为一种新兴的行业对国民经济的发展的确起到了巨大的推动作用，但我们绝对不能因此而忽视了网络游戏的弊端。如前所述，网络游戏对青少年成长带来的负面影响绝对不容忽视。在今后的几年内，网络游戏还将飞速发展，而对于今后更加大型化、多样化、多媒体化的网络游戏，更大数量的网络游戏用户，对社会产生的影响将是深远的。不管是游戏开发商，还是广大青少年、政府、学校以及其他社会力量，都应该以正确的态度对待网络游戏，尽可能地利用网络游戏的益处，努力将其负面影响减小到最低程度。

什么是网络暴力

网络暴力是指网民在网络上的暴力行为，是社会暴力在网络上的延伸。

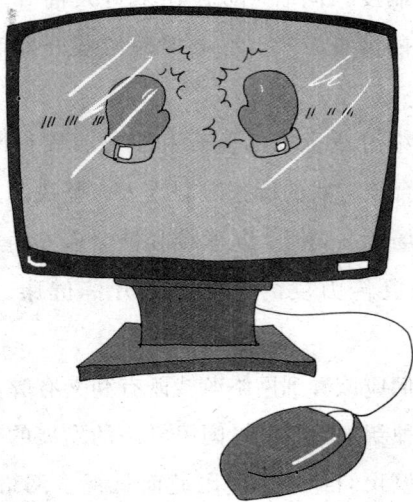

网络暴力不同于现实生活中拳脚相加血肉相搏的暴力行为，而是借助网络的虚拟空间用语言文字对人进行讨伐与攻

击。这些恶语相向的文字，往往是一定规模数量的网民们，因网络上发布的一些违背人类公共道德和传统价值观念以及触及人类道德底线的事件所发表的言论。这些语言文字刻薄、恶毒甚至残忍，已经超出了对于这些事件正常的评论范围，不但对事件当事人进行人身攻击，恶意诋毁，更将这种讨伐从虚拟网络转移到现实社会中，对事件的当事人进行"人肉搜索"，将其真实身份、姓名、照片、生活细节等个人隐私公布于众。这些评论与做法，不但严重地影响了事件当事人的精神状态，更破坏了当事人的工作、学习和生活秩序，甚至造成严重的后果。

网络暴力的表现形式

1. 网民对未经证实或已经证实的网络事件，在网上发表具有攻击性、煽动性和侮辱性的失实言论，造成当事人的名誉损害。

2. 在网上公开当事人现实生活中的个人隐私，侵犯其隐私权。

3. 对当事人及其亲友的正常生活进行行动和言论侵扰，致使其人身权利受损等等。

网络暴力的出现，不是一个或两个声讨帖就能造成的。网络暴力巨大的杀伤力，是来自于成千上万参与口诛笔伐的网民。他们在数量上、规模上形成了一定的强势，而他们一致的立场与观点则因这种强势更显其权威。

网络暴力游戏对青少年的影响和危害

作为新兴的信息传递工具，网络以其快速、广泛的内容、开放的环境等功能而受到大众的喜爱。网络游戏是一种新兴的无烟绿色朝阳产业，其虚拟的环境带来全新的娱乐方式，通过游戏中的角色扮演，人们可以体验到别样人生，而青少年更是网络游戏中活跃的使用者。据调查，目前网络游戏的参与者80%以上都是青少年。享受网络游戏带来便利的同时，青少年也面临着暴力游戏带来的巨大诱惑和威胁，尤其是部分青少年对暴力游戏非常痴迷。由于目前在中国市场销售的网络游戏大约有95%是以刺激、暴力和打斗为主要内容的，这就引发了一系列的社会问题，造成严重的后果。

8%青少年

e 网络

1. 网络暴力游戏成为当前诱发青少年犯罪的一个重要因素

网络暴力游戏中血腥、逼真的场面能给游戏者感官上的刺激，以至于许多人完全陷入游戏的角色中。这种长时间的体验使青少年习惯于打打杀杀的血腥场面，分不清虚拟网络和现实世界，把游戏与生活实际相混同，从而使他们的情绪变化剧烈，富于攻击性，暴力倾向更强，人性中长期被压抑的生物性本能就在征伐杀戮中毫无掩饰地被释放出来，他们一旦在现实生活中体验到类似网络暴力的情感和环境时，容易丧失理智，会毫不犹豫地把在虚拟游戏中的行为运用于现实的人际冲突，导致一些悲剧发生。

2. 网络暴力游戏淡化了是非的判断标准

在网络游戏中，到处都是刀光剑影、枪炮轰鸣和死尸遍地的场面。长久以往，青少年看到的不是痛苦，而是痛快，对暴力的态度也从开始的憎恨、反感到默认和接纳，甚至是

对　　　错

尝试。同时，虚拟的网络世界也成了他们自我封闭的天地。调查显示，20％左右的青少年沉溺于网络虚拟世界，脱离现实，自我封闭。在网上调查时，一个女孩的话具有一定代表性，她说："我的朋友比较少，我也不愿意和别人交流，上网聊天很不错，有什么话都可以随便说，家长看不到，老师管不着。我要不断上网，以保持内心世界的满足感。"

3. 网络暴力游戏悄然改变着青少年的思维方式和人生观、价值观

在充满暴力的网络游戏中，"花妖"、"大色魔"等充满色情暴力的网名随处可见，聊天室里更是骂声一片，这些都潜移默化地影响着涉世未深、思想单纯的青少年，促使他们盲目效仿。此外，网恋也正在影响着他们的爱情观。据调查，60.7％的青少年有过网恋的经历，其中34.9％体验过与网友的性行为，还有20％的人希望尝试网恋。这种在网络游戏中萌生的游戏式爱情心态和交往方式不可避免会冲击他们以后的爱情观。尤为严重的是，网络游戏中对"物欲"的宣传极

易导致青少年抛却原有的道德观、价值观。"金钱至上"的思维正逐步渗入青少年的头脑中，进而将形成一种扭曲的思维方式和价值观。

4. 网络游戏使青少年产生依赖心理

网络游戏的精美画面、曲折的情节及丰富的场景常常使人过度地沉迷其中，甚至出现网络成瘾症。在网络游戏中实现他们在现实生活中不能实现的梦想，使青少年不能自拔。如家庭并不富裕的青少年在游戏中变成富翁；现实中封闭内向的青少年在游戏中变得异常活跃。这些超越现实生活的满足感使青少年沉溺于网络游戏之中，过度地依赖于游戏。当现实生活与游戏出现的反差强烈时，心理不能承受，而引发心理问题。

5. 网络游戏对青少年身体发育有不良影响

网络游戏一般需要较长的时间获得更多的经验值、金钱、分数等，才能取胜，这使得青少年花费了大量的时间和经历在网络游戏中，有些人甚至彻夜不归，禁水禁食，花费大量的金钱不说，糟蹋了身体就不应该了。对于处在身体发育期的青少年来说，这种影响可想而知，青少年在网吧中由于过度疲劳或激动而失去年轻生命的事情已经发生过不止一次了。

6. 网络游戏对青少年学业的消极影响

青少年时期正是学习知识的最佳时期，然而网络游戏却占据了许多青少年的大量美好时光，他们沉迷于网络游戏而不能自拔，学生逃学上网玩游戏在学校里已不是稀奇的事情。对于网络游戏的迷恋使学生失去了对学习的兴趣，学习成绩下降，严重地影响了学业。

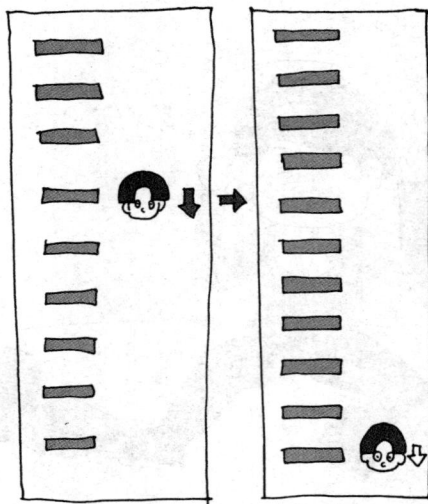

应对网络暴力游戏的对策与措施

网络暴力游戏像心理毒品一样侵袭着青少年的心灵。屡屡发生的青少年行凶事件，不仅给他们的未来和家庭酿成了悲剧，也给社会造成了极大危害，这迫切需要我们采取相关措施，而不能放任不管。

一、加强制度建设，强化管理

对网络游戏市场的管理，政府部门负有义不容辞的责任。因而面对暴力网络游戏引发的种种问题，现在很多政府都出台相关措施整治网络游戏市场。韩国开展了针对玩游戏上瘾等社会问题的咨询和治疗工作的中长期计划。首先，我们应尽快制定和完善网络管理的法律法规，规范网络文化市场的经营行为。其次，要加强网络监管，净化网络内容。同时，还要尽快建立并完善一批适合青少年的网站，构建健康的网络游戏环境。

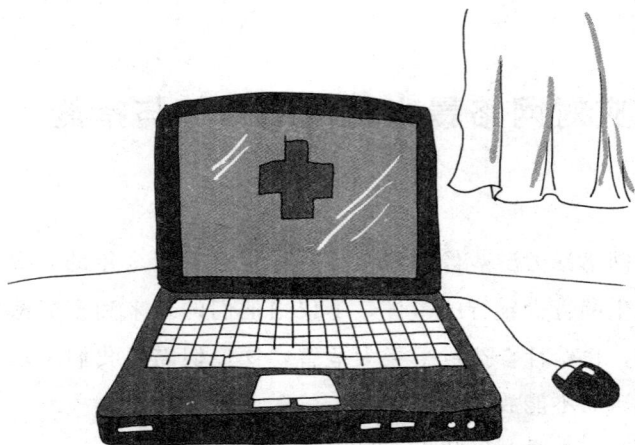

二、提倡、开发并推广内容健康的网络游戏

作为时代发展的产物，网络游戏的存在和发展有其必然性。依靠单纯堵是不现实的，唯一行之有效的就是要摒弃其中不健康的因素。正如信息产业部电子信息产品管理司司长张琪在"国产游戏软件和网络游戏产业发展"研讨会上指出的"应该大力提倡、推广有价值的内容健康的网络游戏"。通过高品质、积极健康的游戏内容来引导广大青少年树立正确的游戏娱乐观。日前，文化部游戏产品内容审查委员会审定并向社会公布了第一批适合未成年人的网络游戏产品，如"梦幻国度"、"梦幻西游"、"野菜部落"等，其目的就是为正确引导未成年人的游戏娱乐活动，真正发挥网络游戏的休闲、娱乐等健康功能。

三、家庭、学校等携手引导和教育

1. 学校应教育青少年正确使用网络。现在多数青少年上网就是为了玩游戏，这是由于他们没有了解网络在信息社会中的巨大作用。为此，学校应把网络教育纳入日常教学课程。

同时，通过开展课堂网络教育、校园网络文化和校外网络文明宣传等活动，让青少年学会上网、上好网。在课堂网络教育中，积极指导学生上网查阅资料，引导他们从网络中吸收有益的知识，无暇理会也不愿理会网络中有害的东西。学校还要营造校园网络文化氛围，开展网页设计、网络征文、创办网络手抄报等活动。还可组织学生参加社会实践，举办网络宣传活动，远离暴力游戏等有害的网络环境。

2. 家长应加强与孩子的沟通和交流。研究结果表明：总体而言，相对于心理健康、家庭幸福的青少年而言，本身有人格缺陷或与家庭关系不好的青少年不仅更容易沉迷于网络暴力游戏，而且因网络游戏引发犯罪的几率也较高。所以，家长要加强与青少年的沟通和交流，做到防患于未然。一方面，要与他们讨论、交流对有关问题的看法，对孩子存在的问题或缺点，绝不能采取简单的打骂式教育方法。其次，要正确引导孩子上网，帮助他们认识网络的积极作用和负面影响。同时，还要培养他们广泛的兴趣爱好，使之身心健康，杜绝网络不良信息对他们的侵害。

什么是网络色情

　　网络色情是指凡是网络上以性或人体裸露为主要诉求的讯息，其目的是挑逗引发使用者的性欲，以导致普通人腐化、堕落，对未成年人的身心健康有毒害，而不具任何教育、医学或艺术价值者。其表现方式可以是通过文字、声音、影像、图片、漫画等。

网络色情的特点

作为色情的一种，网络色情不仅具有一般色情的特点和危害，而且具有与一般色情显著不同的特点。

1. 网络色情具有很强的综合性，是多种色情的杂合体。这主要缘于因特网自身较强的文化兼容性。随着传媒科技的发展，因特网与传统媒体的互动进一步增强。很多传统媒介（如影视、报刊等）在完善传统业务的同时，纷纷开辟网络销售战线。于是，通过传统媒介能够得到的信息，人们在因特网上同样能够获得，而且可以更迅速地获取。这样，传统媒介中的色情信息便不可避免地渗入因特网，与网络上特有的色情相杂糅，对青少年的意识行为产生更为有力的冲击。据统计，世界闻名的色情刊物《花花公子》在美国以合法身份进入因特网后，其网站每周的访问量达 470 万人次，其中青少年占了相当大的比例；而美国著名的史密森学会博物馆开设的一个网站，每周的访问量还不到 30 万人次，前者约为后者的 16 倍。

2. 网络色情具有高度互动性、刺激性和挑逗性。与传统媒介的单向传播不同，网络传播具有双向性和互动性。通过网络，受众不仅能轻易获取色情信息，还可以参与色情活动或色情信息的传播。一些淫秽色情网站不仅给网民以感官刺激，而且教唆、引诱网民进行淫秽色情活动。有的提供色情交易渠道，有的公然在网上招嫖、组织卖淫嫖娼活动。在某种意义上，网络不仅是青少年接触色情的场所，也是他们预演或实践色情行为的工具。受众与因特网的这种高度互动性是传统媒介所难以企及的。

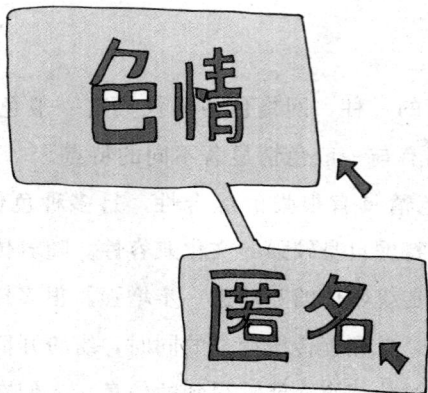

3. 网络色情具有较强的匿名性。由于网络使用者在大多数情况下登录因特网不必使用真实姓名，这样就形成了一个高度隐蔽的拟态环境。真实身份的隐匿给予网民们一个更"安全"的行为环境与心理状态，但也因此削弱了彼此的责任感。在此环境下，网络使用者内心深层的色情倾向被强化了，对自己的色情言行也更加无所顾忌，平日里受压抑的本性在此时坦露无遗。

4. 网络色情的可及性、可承受性与多样性。可及性——数百万个网站随时可以登陆，没有时间限制；可承受性——网站之间的激烈竞争，导致价格低廉，有许多方式可以获得免费的色情材料；多样性——淫秽色情信息形式多样，触目惊心。

网络色情文化对青少年性道德的影响

　　性道德是调节两性关系及性行为的准则和规范，其核心是解决什么样的性行为是正确的、是合乎社会发展要求的。它提倡一切性行为都必须有利于人的身心健康和人的自由全面发展。作用于他人身体的性行为必须建立在爱情的基础上，性伴侣应该具有稳定性和专一性。网络色情不断颠覆传统的性道德与性伦理，把人性在现实生活中被压抑的荒诞、兽性的部分显现出来，瓦解传统的性道德，导致青少年性道德认识弱化、性道德选择混乱、性道德情感淡漠。

37

一夜情

1. 性责任淡化，性道德迷失

现实生活中的性行为必须建立在一定的责任基础上，网络色情的传播可以产生"去责任化"的效应，使得青少年在现实生活中难以实现的性本能得到随心所欲的"发泄"。以鼓吹"一夜情"、"多性伴"、"乱伦"、"同性恋"、"性虐待"为口号的网络色情忽视性爱责任，强调肉欲至上，质疑天长地久和忠贞不渝的爱情观，导致偏差的性观念四处传播。

网络色情中的非法信息、有害信息、垃圾信息肆意泛滥，青少年一旦进入其中，就如同进入了迷宫，很容易迷失方向。性信息泛滥的后果，使识别能力较弱的青少年无力鉴别真伪，导致在"性与爱"、"性欲与社会规范"、"性行为与社会角色"等价值取向上出现迷惘，进而弱化性道德意识。

2. 忽视爱情体验，过分追求性快感

人类的性行为超越了动物本能，是"灵与肉"的完美结合，"网络色情"这种渲染混乱的性爱模式忽视心灵、情感的满足。沉迷于"网络色情"的青少年在网络中通过不断寻求性刺激获得快感和满足，这种对性快感的过度追求使他们忽视情感健康，导致性情感的彻底迷失。

一项心理调查显示，接触过网络色情信息的青年学生中，80％以上有性犯罪念头。青少年对性抱有好奇感，具有较强的性冲动，在网络强大的声色刺激下，不成熟的人生观、价值观、道德观很容易被瓦解，"网络色情"让他们体验刺激的同时，产生了一种脱离现实的不满足感，为了获得现实生活中的性快感不惜铤而走险。

心智不成熟难以抵制网络色情的侵染

根据有关调查，我国有近半数的大中学生光顾色情网站。在参与调查的 3000 名学生中，有 46％曾光顾色情网站，并且 76％的学生网民沉迷于聊天室。这些数据引起了教育学家和社会学家的广泛关注。

网络色情之所以对青少年的色情行为起着直接的诱发作用，原因是极其复杂的，除了网络所提供的客观情景环境以外，青少年自身心智上的不成熟也是一个重要因素。

首先，青少年时期是自我意识迅速发展并走向成熟的关键时期，此时他们的身心发展尚未定型，遇事缺乏冷静的思

色情

考，易冲动，更没有建立起成熟的性爱和性道德观念，容易受到外部条件的不良诱惑。心理学研究告诉我们，行为动机的产生有两大前提条件：一是内在需要，二是外界刺激。从根本上说，网络色情正是满足了青少年个体内在的低级需要，并使他们的感官及肉体欲望高度膨胀，直至不能自拔。

其次，青少年模仿能力强，易受外界因素影响。社会心理学早已揭示了这样一条规律：人对被感知的对象有着"内模仿"的本能。当然，青少年的模仿并不是盲目的，而是有选择的，那些新奇的、刺激的、令人羡慕或感兴趣的事物往往是青少年模仿的对象。青少年进入青春期后，身心的发展都使其自然而然地对异性产生好奇、冲动和幻想，然而社会文化和道德规范却要求个体压抑性冲动。在这种情况下，具有一定安全性和匿名性的网络，便成为青少年探索性知识、排解性冲动的一种途径，使性意识刚刚萌芽的青少年成为"虚拟性爱成瘾"的高发群体。

大众传播学理论认为，传播密度与频率决定着传播效果。在通常情况下，网络色情的传播密度与频率越高，效度指数就越高，受众中毒也就越深，色情行为发生的可能性也就越大。电脑网络过度地描写色情情境、播放具有色情倾向的镜头，对于模仿能力极强但心智又不成熟的青少年而言，难免会产生强烈的认同感和模仿效应，造成性认知的本末倒置：不懂情爱，先知色性。

网络色情对青少年的危害

网络色情被称为"电子海洛因"，足以说明它的危害性。

1. 影响青少年网民的学业或工作。迷恋网络色情对青少年最直接、最明显的影响是荒废他们正常的学业或工作。根据中国因特网信息中心的调查，网络用户平均每周上网时间达到 8.5 小时。个人的精力、时间是有限的，把大量的精力、时间浪费在网络聊天室必然会影响青少年的学业或工作。

2. 扭曲青少年的身心健康甚至走向性犯罪。网络色情提供大量的色情图片与文字，而其中的很多图片与文字宣扬的是各种畸形的性行为，不论是青少年主动寻求还是被动接受这类信息，对他们形成正确的性观念、性行为都会产生冲击。更为严重的是，一些打着"健康"旗号的网站传授的所谓"性知识"错误百出，根本就不具有科学性与严谨性。长期接受这些畸形的、错误的信息对青少年的身心健康的塑造、发展会产生破坏性的影响。一些自制力差、意志薄弱的青少年禁不住诱惑，铤而走险，从此走向性犯罪的深渊。媒体已披露过多起青少年学生因长期迷恋网络色情而不能自拔，最终走向性犯罪的案例。

3. 危及青少年的人身安全甚至性命。一些有组织的色情制造、传播者利用网络聊天室诱骗青少年提供各种有偿的性服务（为别人或为自己），明目张胆地犯罪，对青少年的人身安全甚至是生命构成了直接的威胁。而一些个人犯罪分子则利用聊天室与青少年网友进行"网恋"、"网婚"，时机成熟时约请见面。网络色情对执迷不悟的青少年的人身安全构成了直接的威胁，一些青少年甚至付出了生命的代价。

网络色情媒介传播的是一种不健康的性观念，这种性观念破坏了正常的性观念。淫秽色情网站为了吸引网民，宣扬的是暴力，是畸形的不正常的性关系，这就会误导未成年人，

色情
期待您的加入……
点击进入

使他们认为性关系没有情感，也没有责任和义务，更不受法律制约，这就会导致性倾向的偏差。

预防网络色情对青少年的侵害

　　"网络色情"的泛滥对青少年性道德的负面影响是不言而喻的，如果我们无视他们的生理特点与成长特点，过分依赖高压手段、行政手段强行阻止他们上网、浏览色情网站显然是行不通的，有效的干预应该变"禁、堵"为"疏、导"。不断完善法律制度，加强技术保障，通过不同阶段的性健康教育增强他们性道德的自律性。不断加强青少年的世界观、人生观、价值观、爱情观的教育，培养青少年健康的人格，增强抵御黄色信息的免疫力。

禁堵 ✗　　开导 ✔

1. 完善不同阶段的青少年性健康教育体系。当青少年进入青春期，他们的性意识逐渐增强，充满对"性"的好奇、幻想和冲动。在这个阶段，他们愿意探讨一些性的问题，开始关注异性，同时也迫切想了解性关系到底是什么。但遗憾的是，社会、家庭、学校对性教育认识很不充分，孩子们获取性知识的渠道不很通畅，对性问题的辨别和认识能力不够，这促使他们通过网络获得相关信息。目前，国内中小学生性教育课程局限于生理卫生课，书中涉及的仅仅是性生殖器官的介绍、不同的生长发育特点等简单知识，对性道德、性文明等重要知识则"轻描淡写"。有些授课老师在上生理卫生课时直接跳过了"性知识"章节，如此作为更容易让学生对"性"产生好奇心和神秘感，以至尝试发生性行为甚至走向性犯罪。我们知道，完善的性教育体系除了性生理健康教育之外，还需要通过咨询、道德教育、个别访谈、调查等多种手段实现。可惜的是，我国目

前在"性"教育体系上没有统一的认识，性教育的内容和方法比较陈旧。而国外成功的经验我们完全可以借鉴和吸收。例如，在美国学校性教育从小学就已经开始，教育跨度从 5 岁到 18 岁，整个教育大纲把美国中小学教育分为四个阶段：小学低年级、小学高年级、初中、高中。在学校性教育体系中首先明确学校性教育的目的，为学生提供完整准确的与性有关的信息。其次，对青少年进行人生态度、价值和分辨能力教育，帮助儿童和青少年形成正确的，适合于个体、家庭、社会的与性有关的价值观、分辨能力等态度和模式。第三，传授人际关系、社交技巧，指导儿童和青少年在发展过程中形成良好的、正确的人际关系，包括性的人际关系。第四，强调青少年的责任和义务教育。了解自己的义务和责任，如何在社会发展中树立自己的责任感。懂得什么是性行为，如何避孕，怎么预防性侵犯等知识，重点帮助青少年认识意外怀孕和艾滋病的危害。性是一种文化、一门知识，性教育的核心其实就是交流，是心与心的碰撞。通过互动教育这个平台，为青少年提供一个

属于自己可以沟通、交流的渠道。总的来说，在我国父母、长辈、学校灌输的性知识几乎为零，帮助青少年顺利度过青春期应当成为全社会的共识。青春期性教育应当以性道德教育为核心，以性生理和性心理为基础，帮助青少年判断什么是性道德、如何避免过早发生性行为、如何防止性侵犯，同时开展性病、艾滋病的预防和教育。同时，进行性生理、性心理咨询，加强性的自我保护。如果我们不尽快建立完善而系统的性教育体系，而让青少年通过"黄色小说"、"黄色录像"、"网络色情"获得性知识，这将是国家和社会的悲哀。如果我们能够积极有效地开展多种形式的性教育，就会让更多的青少年了解和掌握性知识，形成健康的性道德意识。家长和老师应该在不同年龄阶段给予孩子不同的性知识教育，打破羞于言"性"的落伍观念，主动讲述课本中没有涉及的"性交"概念和话题。只有理解青春期有性要求是正常的生理现象，才能对孩子进行劝导和教育，避免过早产生性接触。2004年，国内某城市中学公布调查结果显示，高二、高三年级187名接受调查的学生中，148人认为，只要双方相爱或以后结婚，无婚姻关系性行为可以接受。另一项调查则显示，我国中学生发生性行为的比例占6％—10％，引导青少年正确对待性问题已成为刻不容缓的问题。据调查数据显示，青少年获得性知识的途径主要是：书报杂志（61.35％）、DVD（38.61％）、网络（31.58％），学校和家庭没有成为青少年获取性知识的主要渠道，这是我们教育制度的悲哀。因此，我们应该将性教育尽快纳入青少年课程体系，提供科学严肃的性生理知识，使青少年深入地了解性生理知识、生育知识、性病及艾滋病，提供有效的性心理疏导模式，帮助青少年了解恋爱心理，有效控制性行为，了解婚姻、家庭的意义，了解个人对婚姻、家庭的责任，了解生育的意义、父母角色期待及对孩子的责任。同时，开展"性心理辅导"，帮助青少年了解性心理冲突的来源与控制方法，学会自我调节，从"他律"走向"自律"。对青少年普遍存在的性心理问题，如恋爱心理、色情性描写、网恋等进行针对性团体辅导，对有性心理困扰的青少年提供个别辅导，帮助其形成良好的性心理，克服性行为偏差。

2. 加大打击网络不良文化执法，从源头遏制网络色情传播。健全的法律规范是建设和管理网络、积极防御和遏止网络不良文化的关键。国外有专门法案保护青少年免受网络有害信息的影响，我国目前专项法律还不完备，因此，我们必须尽快制定保护青少年的相应法规。对"网络色情"等不健康的内容进行有效管制和监督，要充分考虑：网络色情文化的分级制度，明确"网络色情"传播的犯罪构成，明确法律术语，确定"网络色情"的法律认定。相关部门应该加大和

完善文化执法力度，打击"色情"网站，切断网络色情的传播途径，对违法者进行处罚。加快制定青少年网络道德基本规范，借鉴和吸收国外比较成熟的规范。加大《青少年网络文明公约》的宣传力度，要求青少年要善于网络学习，不浏览不良信息。增强自护意识，要维护网络安全。要有益身心健康，不沉溺虚拟时空。

3. 加速网络拦截技术的开发与应用。借助网络技术传播的"网络色情"，可以凭借网络技术手段的管理和监督加以阻止。我们可以通过技术措施对"色情信息"实施阻断，具体方法如下：第一，软件监控。国际环球网络联合会曾在伦敦公布了因特网络监控软件的监控标准，利用这种软件可剔除色情、暴力等不良信息，限制调节阅读因特网上的不健康内容。第二，网络分级。我国色情网站的最大弊端在于没有建立网络信息分级制，青少年可以轻而易举地进入不同级别的色情网站。第三，建立身份认证制度。网络是一把"双刃剑"，在网络环境下，杜绝一切网络色情是不现实的，也是不

科研室

49

可能的，可以通过身份认证制度，帮助他们可以获得正确的性知识，接受性道德教育。同时，大力研发过滤设备，完善防火墙技术，有效剔除色情信息。

总之，我们必须充分认识"网络色情"对青少年的危害，完善学校、家庭、社会的性教育体系，同时利用技术手段净化网络空间，为青少年的健康成长提供一个干净、良好的外部环境。

什么是网络聊天

网络聊天指借助于网络进行的交流行为，是即时通讯的一种，一般分为一对一聊天（私聊）及多人聊天（群聊）两种。借助于即时聊天软件和聊天网站，网络聊天将有相同喜好或类似身份的人聚集在一起，其内容也可以有很大的差异，从漫无目的的胡扯，到对专业知识的讨论都可以成为网络聊天的话题。

"因特网社交"快速兴起，并成为当前很时尚的一种人际交往方式，相当多的因特网用户在使用因特网社交服务，青少年也是这种服务的热心使用者。可见，网络交往作为一种新型的人际交往方式，已逐步渗透到青少年生活和学习的方方面面，成为青少年人际交往的一种重要形式。其中，网络聊天是青少年这种网络人际交往的典型方式。

常见的网络聊天工具

一、什么是 ICQ

ICQ 是一个全新的、友好的网上联系工具，它支持在 Internet 上聊天、发送消息和文件等。

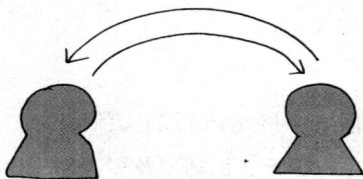

ICQ 源自以色列特拉维夫的 Mirabils 公司（成立于 1996 年 7 月）。Mirabils 这个单词是拉丁文中神奇的意思。ICQ 就是英文"I SEEK YOU"简称，中文意思是：我找你。这是一款网络即时讯息传呼软件，支持在因特网上面聊天、发送消息、网址及文件等功能。在你上网时，用 ICQ 可以很快地找到你的朋友，当然他也必须装上这个软件。美国在线 AOL 购买下 ICQ 以后推出功能更加强大的 99a、99B、2000 等版本，内建了个搜索器，另外连网页的制作也可以由 ICQ 独立完成，不用另寻免费空间就可以使用。当你使用时进行适当的设置你的电脑就成了个服务器，网友们通过您的电脑就可进入到您的主页参观。

ICQ 改变了整个因特网的交流，使之变得更加及时和方便。

二、你知道 QQ 吗

QQ 是深圳市腾讯计算机系统有限公司开发的一款基于 Internet 的即时通信（IM）软件。腾讯 QQ 支持在线聊天、视频电话、点对点断点续传文件、共享文件、网络硬盘、自定义面板、QQ 邮箱等多种功能，并可与移动通讯终端等多

51

种通讯方式相连。1999 年 2 月，腾讯正式推出第一个即时通信软件——"腾讯 QQ"，QQ 在线用户由 1999 年的两人到现在已经发展到上亿用户了，在线人数超过一亿，是目前使用最广泛的聊天软件之一。

QQ 以前是模仿 ICQ 来的，ICQ 是国际的一个聊天工具，是 I seek you（我寻找你）的意思，OICQ 模仿它在 ICQ 前加了一个字母，意为 opening I seek you，意思是"开放的 ICQ"，但是遭到了控诉说它侵权，于是腾讯老板就把 OICQ 改了名字叫 QQ，就是现在我们用的 QQ。除了名字，腾讯 QQ 的标志却一直没有改，一直是小企鹅。因为标志中的小企鹅很可爱，用英语来说就是 cute，因为 cute 和 Q 是谐音，所以小企鹅配 QQ 也是很好的一个名字。

我们可以使用 QQ 和好友进行交流，信息和自定义图片或相片即时发送和接收，语音视频面对面聊天，功能非常全面。此外 QQ 还具有与手机聊天、bp 机网上寻呼、聊天室、

点对点断点续传传输文件、共享文件、qq 邮箱、楚游、网络

收藏夹、发送贺卡等功能。QQ 不仅仅是简单的即时通信软件，它与全国多家寻呼台、移动通信公司合作，实现传统的无线寻呼网、GSM 移动电话的短消息互联，是国内最为流行功能最强的即时通信（IM）软件。腾讯 QQ 支持在线聊天、即时传送视频、语音和文件等多种多样的功能。同时，QQ 还可以与移动通讯终端、IP 电话网、无线寻呼等多种通讯方式相连，使 QQ 不仅仅是单纯意义的网络虚拟呼机，而是一种方便、实用、超高效的即时通信工具。

随着时间的推移，根据 QQ 所开发的附加产品越来越多，如 QQ 宠物、QQ 音乐、QQ 空间等，受到 QQ 用户的青睐。

三、什么是 MSN

MSN 全称 Microsoft Service Network（微软网络服务），是微软公司推出的即时消息软件，可以与亲人、朋友、工作伙伴进

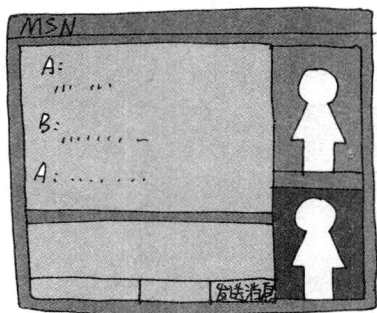

行文字聊天、语音对话、视频会议等即时交流，还可以通过此软件来查看联系人是否联机。微软 MSN 移动因特网服务提供包括手机 MSN（即时通讯 Messenger）、必应移动搜索、手机 SNS（全球最大 Windows Live 在线社区）、中文资讯、手机娱乐和手机折扣等创新移动服务，满足了用户在移动因特网时代的沟通、

社交、出行、娱乐等诸多需求，在国内拥有大量的用户群。

青少年网络聊天的注意事项

　　网上聊天成为"上网族"的主要休闲方式之一。网络为人们提供了一个无拘无束的自由空间，尽管这种空间是虚拟的，但上网者从中获得的精神满足，常常是现实生活无法给予的。不过，网络也有很多缺陷，且不说网上的许多不良信息对人的精神有诱导和腐蚀作用，单就网上聊天而言，如果完全随心所欲，你提供的信息就很容易被一些居心不良者利用，给自己和家人造成精神上的痛苦。

一、不要寻找那些有着浓浓色情网名的聊天者

　　无论是在网站的聊天室里，或是在 OICQ 提供的在线名

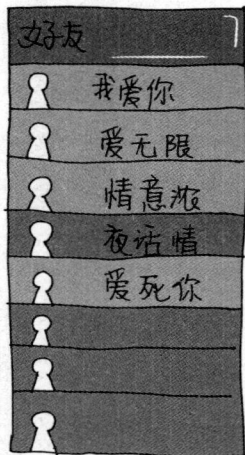

单中，总有不少起着"我爱你"、"爱无限"、"情意浓"之类网名的聊天者，有的网名甚至就是赤裸裸的色情语。这些所谓的聊天人，一般都是精神空虚者，有的甚至是性变态患者或网上痞子，其中"以男扮女"者的比例极高。许多不明真相的初聊者（男性居多），常常会找上这些人，聊的结果十之七八都是不欢而散，甚至还可能会受到侮辱和谩骂。

二、不要随便给网友发自己或家人及朋友的照片

网上聊天聊到一定程度，常常会有一方提出要看看对方的照片。如果聊者真将照片通过伊妹儿寄出，则自己的肖像权就有可能被侵犯。由于现在电脑图像处理技术已经非常发达，稍有点水平的人都会使用这种技术。照片既然到了别人的手里，你的头部就有可能被居心不良者移到另一个人身上，而"另一个人"很有可能就出现在你不愿意看到的画面上！更令人气愤的是，竟然还有许多不良网站为这类"合成照片"提供发布空间。

三、不要说出自己的真实姓名和地址、电话号码、学校名称等信息

许多网友聊天之余，还想通过电话听听对方真实的声音，

个人信息：

姓名：×××　　　头像

年龄：×××

电话：××××××

学校：××××××

确定　　取消

于是就随意提供自家或单位的电话号码，有网恋倾向的网友之间更容易走到这一步。殊不知，你的电话号码提供出去就收不回来了，一些坏心眼的"网友"就可能通过打你的家庭电话，或打你的学校电话，破坏你的形象。当然，网上这类"坏人"还是极少数，但"害人之心不可有，防人之心不可无"，你又何必为满足一点好奇心而随意提供自己的电话号码呢？

不要轻信网络流传的信息，对于不熟悉或不知情的邮件和信息不要轻易查看或打开其链接和附件；不要相信那些中奖信息公告；对于那些需要网络援助的信息，不要过于相信，如发现是诈骗事件，应立即以各种方式通知其他好友，避免他人上当受骗。

四、进入聊天室前要告知父母

必要时由父母确认该聊天室是否适合学生使用。不要在各个聊天室之间"串门"。在聊天室中，如果发现有人发表不正确的言论，应立即离开，自己也不要在聊天室里散布没有根据或不负责任的言论。如果看到感到不舒服甚至恶心的信息，应立即告知父母。

五、聊天要文明守法

青少年网友在网络活动中应守法自律，不要参与有害和无用信息的制作和传播。

不要在聊天室或 BBS 上散布对别人有攻击性的言论，也不要传播或转贴他人的违反中小学生行为规范甚至触犯法律的内容，网上网下都做守法的小公民。

尽可能不要在网上论坛、网上公告栏、聊天室上公布自己的 E－MAIL 地址。如果有多个 E－MAIL 信箱，要尽可能设置不同的密码。如果收到垃圾邮件（不明来历的邮件），应立即删除。包括主题为问候、发奖一类的邮件。若有疑问，立刻请教父母如何处理。

六、莫进不良网站

不要浏览"儿童不宜"的网站或网站栏目，即使无意中不小心进去了，也要立即离开。如遇到网上有人伤害自己，应及时告诉父母或老师。

网上信息量大，虚拟空间幻真幻假，而各种信息更是良

莠并存，由于缺乏有效的监管，网上色情、反动等负面的信息屡见不鲜。这些不良信息对于身体、心理都正处于发育期，而对是非能力、自我控制能力和选择能力比较弱的青少年来说，实不足以抵御。据调查，有 34.6％的青少年网民承认自己曾经浏览过色情网站，有 4.9％的人承认"经常"去看。很多青少年因此而荒废学业，成为"电子海洛因"的吸食者，对身心健康造成了严重损害。而在对接受调查的人的统计中，90％以上的青少年都是因为缺少外界的约束力，加上自我控制能力比较弱而频繁地去访问色情站点。

七、青少年见网友要慎重

青少年网友应该保持正常的心态进行网络聊天交友，在不熟悉对方的情况下，应尽量避免和网友直接会面或参与各种联谊活动，以免为不法分子所乘，危及自身安全。未经父母同意，不和任何网上认识的人见面。如果确定要与网友见面，必须在父母的同意和护送下，或与可信任的同学、朋友一起在公共场所进行。不要轻信网上朋友的姓名、性别、年龄、职业、兴趣、爱好和甜言蜜语，记住：未经确认的网上信息都不可轻信！在通过电子邮件提供个人资料之前，要确保对方是你认识并且信任的人。父母或其他亲人不在家时，不要让网上认识的朋友来访，要提高警惕，谨防别有用心的人。不对父母、老师和好朋友隐瞒自己的网上活动，要经常与他们沟通，让他们了解自己在网上的行为，以便必要时得到及时的帮助。

网络聊天对青少年的影响

"网络聊天"是因特网为上网者提供的一个交往平台，在这个虚拟社区里，每时每刻都有成千上万的人，以网络社会所支持的文字、符号语言即时聊天。网络聊天使人际交往的范围比较狭窄的青少年找到了互相交流的方式，这对丰富青少年的交往具有一定的积极影响，但同时我们也应该看到其带来的消极影响。

一、虚假的网络友谊和网恋对青少年产生的不良影响

青少年时期由于交往单一，容易产生"空虚、无聊"的心理，于是他们选择了网络聊天这种虚拟的方式来排解内心的压抑。通过网络聊天与虚拟的人物建立友谊，有些甚至发生网恋。然而，网络中虚假的信息很多，青少年很难分辨清

楚，极容易被犯罪分子利用，上当受骗。

二、网络聊天易使青少年形成双重人格

据调查有许多青少年在上网聊天时说过假话，有些人甚至就不说真话。他们在网络中或改变性别，或声东击西，在网络中同时扮演着多种角色，而一旦回到现实世界，则又恢复了原来的面貌。这极易使青少年形成双重人格。

三、"网络陷阱"侵害着青少年的利益

近年来，网络犯罪呈上升趋势，一些犯罪分子在网络聊天时以"经理"、"厂长"等成功人士的身份寻找作案对象，这对社会经验不足的青少年来说是一个十分危险的"网络陷阱"。因此对于青少年来说，加强网络中的防范意识是很有必要的。

因特网络是信息时代社会发展的引擎，其对青少年成长的影响具有两面性，在现实中如何趋利避害是一个值得探讨的问题。然而，发现问题有时候比解决问题更重要，我们要即时地发现当前网络在青少年成长过程中的消极因素，这样才能扬长避短，使网络真正成为青少年成长的朋友而不是敌人。

61

什么是网恋

网恋，即网络恋爱，指男女双方通过现代社会先进的网络媒介进行交往并恋爱。随着社会的变迁，寻求爱情的成本与所承担的风险越来越高，人们一方面渴望爱情，另一方面又害怕爱情所带来的不安全感，产生了新的矛盾。随着网络的普及，由于网络与爱情之间的某种契合度，人们发现了在虚拟的网络空间可同时满足对爱以及安全感的需求，同时，网恋不可避免地会存在诈骗和危险，也是十分虚幻的。关于网恋的概念，目前并没有形成定论，学者大多依据自己的理解提出各不相同的网恋界定。

青少年为何网恋

一、心理因素

1. 相互吸引的力量

青少年之间的吸引就在于自然的相互吸引，这适合于异性之间，也适合于同性之间。在因特网上人们能够充分发挥自己的潜力，拥有足够的自信心来证明自己的资质。在相互作用方面，大家在一个非以貌取人的环境下相互认识，相互了解。大家都不用真实姓名，很少感到害羞，他们就能够敞开心扉，甚至愿意大胆暴露自己的缺点。如果找不到理想的人，或者不喜欢某人，可以点击删除键，在网络世界里，事情做起来总是这样轻松。年轻人敢于无拘无束、随心所欲地诉说内心感受，释放心情，能显示出强烈的个性来吸引对方的注意。

2. 浪漫的诱惑

情感表达是青少年网民的一个重要的需要。通过上网来寻求人与人之间的互相关心、互相理解和互相尊重，是一个潜藏在青少年网民内心深处的极为深刻的上网动机。青少年在网上的聊天中，涉及最多的话题是爱情和友谊，他们在网络里绝对不会感到孤独，因为无论爱好、兴趣是什么，总有许多人在虚拟社区里相互交谈，互相倾诉秘密。他们在这里可以寻找到理想化的梦中情人，也可以找到没有缺点的恋人。这种现实的、纯真的、柏拉图式的爱情童话能够满足他们内心深处对浪漫爱情和友情的渴求，也可以慰藉内心深处的孤寂。

63

3. 寻求自我价值感

社会心理学认为，为了使自己的人生具有价值，获得明确的自我价值感，人需要了解别人，需要通过别人来了解自己，需要爱与被爱，需要归属和依赖，需要有机会显示自己的优势和展示自己的专长。青少年随着年龄的增长、生活空间的扩展和社会阅历的不断增加，交往的愿望也就越来越强烈。由于人际关系的复杂性和青少年心理的单纯性，常会使部分青少年在交往中遭受挫折，表现出不同程度的人际交往障碍，如多疑、害羞、闭塞、社交恐惧等等，使他们的自我价值感得不到满足，而网络这个虚拟的世界为这些青少年满足自己的价值感提供了便利。所以，寻求自我价值感也是青少年网恋发生的原因之一。

二、网络因素

1. 网络媒体的开放性、综合性

网络拓宽了人类的交往空间。在网络社会中，网民可以伪装或隐匿自身的真实身份，可以不承担义务和责任，可以不接受传统道德规范的约束。由于网络没有地理空间上的界限，不同学校、不同地区乃至不同国家的人都可以通过网络认识。进入网络世界观犹如进入了一个地球村，里面形形色色的信息应有尽有，精华与糟粕混杂在一起，是一个信息的海洋，也是一个信息的垃圾场。网络传播又不同于传统媒体，传统媒体的传播方式是单向的，读者获取信息是被动的；而网络的传播方式则是双向的，用户可以回应，也可以自由地选择所需要的信息。因而对于青少年来说，在这样一个宽松的空间，往往经不住诱惑，就会在好奇心的驱使下发生网络恋情。所以说，网络媒体的开放性和综合性为青少年网恋提供了便利的平台。

2. 网络通信工具的便利

大量的交友网站、交友聊天室、BBS、ICQ、OICQ 等网络通信工具为青少年网恋创设了良好空间。为了招揽用户，增加点击率和浏览量，一些网站在 BBS 上专门开辟了"love"讨论区，供网民们谈情说爱。还有专门开设的网恋交友中心网站，大量的个人网站的主题都与情感有关，几乎所有的大中型网站都开设了聊天室、虚拟社区等服务功能，其名称也颇为惹眼，如"网恋无罪"、"网上情缘"等，而这些对用户都没有年龄的限制，无论老少都可以申请加入，这为青少年网恋提供了便利的条件。

三、家庭因素

1. 家庭教养方式不当

我国家庭在对子女的教育上存在着误区，其中一大误区就是过分干涉、限制孩子的自由发展，尤其是干涉孩子的情感问题，使他们的情感长期被禁锢。而在网络中，他们可以找到自己的知心朋友，由于时空的距离使彼此增加了许多想象的成分，增添了美感。同时，又可以放心地交流感情，最后产生网上恋情。

2. 特殊家庭的影响

特殊家庭指的是父母离异、丧父丧母、父母离家等情况的家庭。父母的争吵、打骂或者是缺少父母的关爱,对孩子是一种严重的伤害。一些父母还会把自己的烦恼发泄到孩子身上,使孩子的自尊心受到严重挫伤,感到毫无家庭温暖。种种原因都会影响到孩子良好个性的形成。网络能够使倍感无助的孩子找到知音和依靠,这为青少年网恋的诞生铺好了路,搭好了桥。

网恋对青少年的影响

一、网恋易给青少年带来心理障碍

青少年长期上网,每日面对荧屏,缺少与人面对面的交往和情感的沟通,在虚幻的世界里,只爱陌生人,愿意和陌生人对话，在网络的掩护下尽情地发泄，倾诉内心的感受，同时网络上的一些不良信息的大肆传播对于青春期的一些青少年来说，易使他们产生一些感情的躁动，而现实生活中，这些又使得他们内心忐忑不安，对心理活动感到不安却又无法排解，造成青少年心理闭塞现象。主要表现为见人就脸红，与人少沟通，难以适应环境等，易使青少年产生社交障碍。另外有一些青少年性格内向，喜好幻想，在网上恋得轰轰烈烈，妙语如珠，下了网便沉默寡言，喜欢一个人独处，导致人格分裂。据 2000 年 6 月湖南省团委对湖南省青少年接触和利用网络状况进行的一项调查显示：青少年接触网络的年龄变得越来越小，在各年龄段中，20—30 岁的青年上网率最高，其次是 12—19 岁的青少年；在上网青少年中，62.9％出现了个性化情绪，20％的青少年情绪低落或有孤独感，12％的青少年与家人、朋友疏远，5.1％的青少年身体健康状况下降。对于这些处于成长中的青少年，如果存在心里困扰和障碍，往往会自觉或不自觉地采取一种固定的某种方式去排解。时间一长，便会成为一种行为习惯。网恋既浪漫又刺激，是一种很好的解闷方法，可以暂时缓和心理障碍和困扰，但这种消极的心理防御行为，无疑是饮鸩止渴，最终导致沉迷网恋不能自拔。

二、网恋耗费大量时间和精力，影响学业

网恋耗费青少年大量的时间和精力，严重影响他们正常的学习和生活。人生的全部学问就在于和时间打交道。时间的含金量，决定着生命的质量。青少年沉迷"网恋"，不知归路，将自己长时间挂在网上，忘记了自己的责任。青少年时期是人生成长的黄金时期，把宝贵的时间用于虚无缥缈的

"网恋"，以此来消磨时光，待重新从虚幻的恋情回到现实中来，才发现"逝去的时光追不回"。

三、网恋易使青少年缺乏真诚和责任感

网恋易使青少年道德沦丧，变得缺乏真诚与责任感。青少年正处于青春期，对异性产生思慕和敬佩的感情，渴望与异性交往。这是人的一种正常的需要。美国心理学家马斯洛把人的需要由低级到高级分为五个层次：生理的需要，安全的需要，归属与爱的需要，自尊的需要，个人潜能充分发挥的需要（即自我实现的需要）。当需要激起人活动并维持这种活动时，需要就成为活动的动机。生理本能的需要和心理归属感，使青少年火热疯狂地追求爱情和感情。虚拟的世界创造了浪漫的网络环境，游戏者在网络上的虚拟社会里可以和很多人谈恋爱，甚至结婚。在网络的世界里，没有什么婚姻道德的约束，一个男人娶两个老婆或一个女子嫁几个男人是非常"正常"的事。"我爱你"、"好想你"几个字就能把"情人"和伴侣打发过去，很多人甚至连对方是男是女都说不清。网恋中交往角色的虚拟

性使得青少年在网上大肆调情。这一方面有可能给真诚的一方造成严重的情感挫伤，另一方面不利于自身感情的健康发展，容易滋长游戏爱情等畸形的恋爱心理。

四、网恋易诱发犯罪

网恋易诱发犯罪，网恋者个人安全问题不容忽视。网恋的媒介是电脑和因特网，双方谈话的真实系数极低。"网恋"的成功几率不高，大部分网恋的网下见面以悲壮的"见光死"为终结。科技的发展在为社会的物质进步产生巨大推动的同时，也给社会不良分子提供了新的作案手法。青少年上网痴迷于"网上人生"及"网上恋情"，从而成为诈骗、强奸、抢劫、凶杀等恶性案件受害者的情况时有发生。网络世界是一个适宜骗子生存的虚拟世界。网上聊天是一个允许人们化装后再来表演

的舞台。在这里"没有人知道你是一条狗"，男人可以伪装成女人，已婚可以伪装成未婚，魔鬼可以伪装成天使，这就为爱情骗子提供了机会。同时，一些处于青春期的青少年对异性充

满了好奇和激情，这是生理、心理发展的必然。而网络则为青少年提供了一个无拘无束的自由空间，他们与异性交往的经验较少，而感情又比较热烈和纯真，所以容易轻信他人。

正确引导青少年的网恋行为

网恋带给青少年诸多负面影响，但网络本身没有错，错在人类的不当使用，不能把网络对青少年的积极意义予以全盘否定。在青少年的成长教育过程中，家庭、学校、社会都应发挥各自的力量，予以正确的引导。同时，青少年自身也要形成良好的网络道德素质，严格自律。

一、加强网上信息的引导与监控

首先，应加强对因特网的管理，增强上网的法制意识、责任意识和安全意识，提高其辨别网络信息的能力，力求引导青少年树立正确的网络观念和良好的网络道德。其次，应建立较为完善的网络管理方法，争取整个网络活动有章可循、有条不紊、治而不乱、严而不死。最后，对网上的不良信息，要有监控部门视情况把关处理，属于不良信息的，要坚决予以删除。

正确引导青少年接触网络，加强对青少年的"网络道德教育"。帮助青少年树立正确的世界观、人生观和价值观，这是家庭、学校和社会共同的责任。对于在校求学的学生来说，应以学校教育为主，因为对多数在校青少年来说，老师权威高于家长，学校应帮助青少年形成对网络道德的正确认识，增强他们的道德判断能力，指导他们学会选择，分清良莠，提高个人修养，形成良好的道德自律。同时，国家也应建立健全因特网的立法。提倡道德教育，培养青少年具有正义感和责任感。养成"慎独"的习惯，使其不论在虚拟的网络还是现实的生活中都具有良好的道德品质和健全的人格。

二、为青少年创造更多健康的交往空间

青少年的健康成长离不开正常的人际交往，如果在现实生活中能够满足他们渴望友情和情感交流的需求，就能够在一定程度上避免他们到网络虚拟世界中填补情感上的空虚。所以学校、家庭以及社会应该设法创造条件，为他们提供活动的空间，促使他们发展健康的人际关系，满足心理需要。

社会实践

引导青少年多参加社会活动，进行健康有益的交往，丰富他们的现实生活。青少年具有极强的自我意识，且新一代的他们多为独生子女，自小娇生惯养，习惯以自我为中心，性格孤僻，社会交往往往不很顺利，再加之易自我封闭，对

现实的成就感期望值过高，一旦理想难以成为现实，他们脆弱的心灵便承受不了打击，逃避到网络中寻求精神寄托。针对这一情况，学校应开展丰富多彩的文体活动，促进青少年进行交流与合作，互助互爱，建立真挚的友情，让青少年切实感受到社会大家庭的温暖。同时，在他们遭遇挫折时家长也应给予关怀和帮助，而不是让青少年到网上去寻求安慰。社会上也应多开展一些健康的文娱活动，使他们在活动中获得成功的喜悦与满足。青少年是祖国的未来和希望，矫正青少年的不良心理，促进青少年的心理健康发展，提高自我约束能力，这是学校、家庭和社会义不容辞的责任。

三、改善家庭教育和家庭环境

首先，要改变不正确的教育观念，在对子女的教育上，应避免过分干涉和诸多限制，应给孩子自由成长的空间和表达情感的机会，要注重和孩子之间的沟通而不是一味压制，帮助他们健康成长。其次，应尽量营造温馨和谐的家庭氛围，让孩子们充分体验到家庭的温暖，以及家庭成员间的相互关爱，使他们在情感上能够得到满足，以避免到网络上去寻求精神慰藉。

对青少年学生进行正常的性知识教育。受我国一些传统文化的影响，人人谈"性"色变，把这当做雷区，学校教育对性知识涉及少或根本不涉及。正如学生调侃中所说："我们知道的老师都教，我们不知道的老师都不教。"青少年处于特殊的生理时期，生理发育上的变化必然引起心理上的变化。这期间，有的青少年对异性怀有特殊的好感，喜欢接近异性，对异性存有好奇心和神秘感，且现代生活水平的提高，青少年性成熟普遍提前，在缺乏正确的引导下，易诱发青少年网上寻求刺激，寻求"网上恋

71

情"。因此，开设性教育课，对青少年来说十分必要。

四、引导青少年树立正确的爱情观

这是学校、家庭和社会共同的责任，青少年处于人生的特殊时期，他们向往异性，渴望情感是正常的，应帮助他们认识到网恋的一些危害性，树立正确的择友观、爱情观。向他们讲述周文雍与陈铁军、陈觉与赵云霄等人真挚的革命爱情。教育引导青少年对其感情进行合理控制与适度调节，使其情感朝着积极化、理性化、平稳化的方向发展，将大量的时间与精力投入到学习和健康的文化活动中。与此同时，还应加强青少年的心理健康教育，使其对不良的网恋心理形成正确的认识，追求高尚而真挚的爱情。

五、加强对青少年网恋行为的心理辅导

在青少年中广泛开展网络心理教育，使其对过度上网所带来的心理问题有一定的了解，自觉调整上网行为。要对已经产生网络心理依赖的青少年进行心理辅导，引导其参加有

益的活动以转移目标，通过有计划的心理治疗方案，逐渐使他们摆脱心理困扰。对由于网恋而产生的突发性心理问题，如网恋失败、网恋刺激等不良心理，要及时作好心理疏导，防止不良事件的发生。

另外，有网恋行为的青少年也应当从自身查找原因，认识到自身的存在价值，树立远大的理想。个人的态度决定一切。如何看待生活，与人的主观世界有关。青少年对自身应有一个正确的评价，拥有一份健康良好的心态，对自身无法弥补的缺陷有坦然面对的勇气，才能摆脱网恋所带来的困扰，走出心灵的误区。"使人更好地认识自我，开发自我，激励自我，使人比原来生活得更轻松、更快活、更自信、更自立"，这才是心理咨询所要追求的终极目标。也只有这样，青少年才能更好地珍惜昨天，把握今天，争取明天，勇于直面生活的压力和挑战，承担社会所赋予的重任。

青少年网友见面须注意的事项

一、见网友要告知家人

1. 见面前跟朋友、家人或网友告知要去见网友的地点和时间，并随时保持联络，让大家都知道你在哪里，这样出事也比较容易被发觉。清楚对方的个人资料，见面时可以问问比对一下。初次见面的话，参加多人网聚比较好，或是带朋友同行，尽量避免单独赴约比较安全。

73

2. 女孩们若要跟网友见面，请注意这时候顾不得面子问题。因为安全为第一优先，所以当你单独见到网友时，你的第一直觉告诉你这人是不好的，你要借故离开，因为你不晓得接下来会发生什么事。可以的话不要单独赴约，最好再带一名女伴一起去，女伴可以不同时间进入，不同桌陪伴（不要互打招呼，可以装不认识），其次是女同伴不要和女主角一起去厕所。

3. 不要因为对对方有好感，而将钱借给对方。只留行动电话的网友，格外要注意。就算你们在网上认识很久了，也不要降低你的警戒心，毕竟知人知面不知心。

二、与网友见面要细心谨慎

1. 见面时发现有地点上或是其他事项的变更，例如原本约好你们两人行但出现却是三人行或更多，应该找机会摆脱。

2. 饮料或食物离开过自己的视线之后，就不要吃了，宁愿另外花钱再点也不要让自己陷入被下药的危险中。若是自助式的话，要自己去拿餐点和饮料。

3. 不管认识多久别让他送你回家，以防万一惹祸上身。第一次出去可以的话可以自己骑车，不但安全，逃走也比较方便。

4. 不要透漏自己的住宅电话和联络方式，以免对方若存心不良，可能会在住家附近伺机犯罪或纠缠。

5. 见面前可以先留一些资料在公寓内，利用隐藏的方式，此外对方的住户编号要写清楚。

6. 不要让对方来家里接，最好能亲自前往，以免泄露自身的居住地点。

7. 一切开销以各自负担为原则，不占对方便宜，也不抢着结账。

8. 搭乘对方的交通工具就等于交出自己50％行动能力的控制权，若是被带到偏僻的地方，逃脱的机会更小，会让自己置身于危险之中。

9. 注意对方的讲话态度是否与之前聊天时的感觉一样，以及眼神是否正常。

10. 当网友有碰触自己身体的行为，应立即表明拒绝态度。

11. 不要刚开始见面就把自己的身家背景全部透露，交谈的话题不宜太过深入，保留一些个人隐私，不宜在初次见面就让对方完全了解自己。

12. 网友第一次见面最好是以真实面目见人，不要刻意化浓妆或是刻意打扮，以平时休闲打扮最好，一方面可以避免不必要的误会，另一方面可以免去欺骗的嫌疑。

13. 回家时要注意对方是否尾随，最好走人多车多的路回家。

14. 与网友见面，无论在网络上认识多久，见面时仍应保持适当的距离。

15. 要注意自己的言行勿过于轻浮，以免对方误以为你是随便的人。

16. 保持一定的安全距离，防止对方故意碰触身体。对方如果说话太过热情或说挑逗性言词，应该马上离开。如果男方事先表明要请客用餐，女孩也应携带零钱或手机，若遇到情况不对时，可以方便和家人朋友联络。

三、见面时间不要太晚

第一次见面，不要太晚回家，以免让不良分子有机可趁。见面的时间以白天为佳。

四、宜在公共场合见网友

宜注意见面场合，千万别让自己与网友处于独处的状态，也千万别去密闭的空间。

网友若找借口说要去工作室、他家或是临时肚子痛，想到宾馆休息等，意图带你到密闭空间，千万别相信。

77

见面地点最好是约在自己熟悉的地方，例如：常去的麦当劳、茶坊等等。

保持手机畅通，不要到信号接收不良的地方，例如地下室或电梯间之类。

和网友见面的地点可以选择公园、邻近车站或者有警察驻守的地点，比较安全。

五、防身物品莫忘记

可以在赴约的同时，随身带一些防身的东西，例如：防狼喷雾器、哨子等，或平常就学习一些防身术。

服装以干净清爽为佳。例如：T恤、牛仔裤等。钱财贵重物品要特别注意，财不露白小心别被骗走了。

不要随便收对方的礼物，这样才不会让对方有借口继续找你（你也会失去戒心），最好可以看看对方的身份证，甚至是要室内电话。金钱不宜带太多，手机一定要记得带。

什么是网络诈骗

网络诈骗行为，是指行为人借助网络，利用数字化工具，使用虚构事实或者隐瞒真相的方法，骗取公私财物的行为。这是一种新型的诈骗行为，区别于传统诈骗行为，其特点在于以网络为媒介来实施，但其性质仍未脱离诈骗罪的范畴，应当以诈骗罪对其定罪处罚。《全国人大常委会关于维护因特网安全的决定》第四条规定：为了保护个人、法人和其他组织的人身、财产等合

法权利，对有下列行为之一，构成犯罪的，依照刑法有关规定追究刑事责任：……（三）利用因特网进行盗窃、诈骗、敲诈勒索。这是将网络诈骗行为纳入诈骗罪范畴的法条依据。

要有效地对付网络诈骗犯罪，必须认真研究网络诈骗犯罪手法。其大体可以分为网络拍卖、窃号骗码、在线购销、虚假免费、投资计划、操纵股市、中奖、网络广告、QQ 交友、假冒伪劣的促销、网上赌场、网上求职等。司法过程中可能遇到形形色色的情况，这就要求我们熟悉网络诈骗的各种手段。

网络诈骗总是诈骗，万骗不离其宗。不管是哪类骗子，只要你不相信天上会掉下馅饼，不贪图小便宜，多分析，多询问，一般来说受骗上当的机会很小。

网络诈骗的种类

一、利用 QQ 盗号和网络游戏交易进行诈骗

1. 冒充 QQ 好友借钱

骗子使用黑客程序破解用户密码，然后张冠李戴冒名顶替

向事主的 QQ 好友借钱，如果对方没有识别很容易上当。大家如果遇到类似情况一定要提高警惕，摸清对方的真实身份，需要您特别当心的是一些冒充熟人的网络视频诈骗，犯罪分子通过盗取图像的方式用"视频"与您聊天，您可千万别上当，遇上这种情况，最好先与朋友通过打电话等途径取得联系，防止被骗。

2. 网络游戏装备及游戏币交易进行诈骗

诈骗分子利用网游装备、QQ 是网络公司设计开发，无须经行政部门报备的情况，采用不经网游公司认证的方式，私下交易网游或 QQ，收到被骗者钱财后，通过安全保护措施拖回网游或 QQ，导致购买者上当受骗。这使现实生活中以买卖交易为由的诈骗延伸到了虚拟世界。伴随网络游戏产业的快速发展，近年来，针对虚拟网络游戏的诈骗案件不断增多，常见的诈骗方式一是低价销售游戏装备，犯罪分子利用某款网络游戏，进行游戏币及装备的买卖，在骗取玩家信任后，让玩家通过线下银行汇款的方式，待得到钱款后即食言，不予交易；二是在游戏论坛上发表提供代练，待得到玩家提供的汇款及游戏账号后，代练一两天后连同账号一起侵吞；三是在交易账号时，虽提供了比较详细的资料，待玩家交易结束玩了几天后，账号就被盗了过去，造成经济损失。青少年应详细了解交易规则和对方物品的具体情况，在正规的交易网站交易。

3. 交友诈骗

犯罪分子利用网站以交友的名义与事主初步建立感情，然后以缺钱等名义让事主为其汇款，最终失去联系。

二、网络购物诈骗

网络购物诈骗是指事主在因特网上因购买商品时而发生

的诈骗案件。其表现形式有以下 6 种:

1. 多次汇款——骗子以未收到货款或提出要汇款到一定数目方能将以前款项退还等各种理由迫使事主多次汇款。

2. 假链接、假网页——骗子为事主提供虚假链接或网页,交易往往显示不成功,让事主多次往里汇钱。

3. 拒绝安全支付法——骗子以种种理由拒绝使用网站的第三方安全支付工具,比如谎称"我自己的账户最近出现故障,不能用安全支付收款"或"不使用支付宝,因为要收手续费,可以再给你算便宜一些"等等。

4. 收取订金骗钱法——骗子要求事主先付一定数额的订金或保证金,然后才发货。然后就会利用事主急于拿到货物的迫切心理以种种看似合理的理由,诱使事主追加订金。

淘包购物

81

5. 约见汇款——这是网上购买二手车、火车票等诈骗的常见手法,骗子一方面约见事主在某地见面验车或给票,又要求事主的朋友一接到事主电话就马上汇款,骗子利用"来电任意显软件"冒充事主给其朋友打电话让其汇款。

6. 以次充好——用假冒、劣质、低廉的山寨产品冒充名牌商品,事主收货后连呼上当,叫苦不迭。

三、网上中奖诈骗

网上中奖诈骗是指犯罪分子利用传播软件随意向因特网QQ用户、MSN用户、邮箱用户、网络游戏用户、淘宝用户等发布中奖提示信息，当事主按照指定的"电话"或"网页"进行咨询查证时，犯罪分子以中奖缴税等各种理由让事主一次次汇款，直到失去联系事主才发觉被骗。当您登陆 QQ 或打开邮箱时是否会收到一些来历不明的中奖提示，不管内容有多么逼真诱人，千万不能相信，更不要按照所谓的咨询电话或网页进行查证，否则将一步步陷入骗局之中。

四、"网络钓鱼"诈骗

"网络钓鱼"利用欺骗性的电子邮件和伪造的因特网站进行诈骗活动，获得受骗者财务信息进而窃取资金。作案手法有以下两种：

1. 发送电子邮件，以虚假信息引诱用户中圈套。不法分子大量发送欺诈性电子邮件，邮件多以中奖、顾问、对账等内容引诱用户在邮件中填入金融账号和密码。

ＸＸ银行

账号：

密码：

进入　　退出

2. 不法分子通过设立假冒银行网站，当用户输入错误网址后，就会被引入这个假冒网站。一旦用户输入账号、密码，这些信息就有可能被犯罪分子窃取，账户里的存款可能被冒领。此外，犯罪分子通过发送含木马病毒邮件等方式，把病毒程序置入计算机内，一旦客户用这种"中毒"的计算机登录网上银行，其账号和密码也可能被不法分子所窃取，造成资金损失。

如何预防网络诈骗

1. 不贪便宜。虽然网上东西一般比市面上的东西要便宜，但对价格明显偏低的商品还是要多个心眼，这类商品不是骗局就是以次充好，所以一定要提高警惕，以免受骗上当。

2. 使用比较安全的安付通、支付宝、U盾等支付工具。调查显示，网络上80%以上的诈骗是因为没有通过官方支付平台的正常交易流程进行交易。所以在网上购买商品时要仔

细查看、不嫌麻烦，首先看看卖家的信用值，再看商品的品质，同时要货比三家，最后一定要用比较安全的支付方式，而不要怕麻烦采取银行直接汇款的方式。

3. 仔细甄别，严加防范。那些克隆网站虽然做得惟妙惟肖，但若仔细分辨，还是会发现差别的。您一定要注意域名，克隆网页再逼真，与官网的域名也是有差别的，一旦发现域名多了"后缀"或篡改了"字母"，就一定要提高警惕了。特别是那些要求您提供银行卡号与密码的网站更不能大意，一定要仔细分辨，严加防范，避免不必要的损失。

4. 千万不要在网上购买非正当产品，如手机监听器、毕业证书、考题答案等等，要知道在网上叫卖这些所谓的"商品"，几乎百分之百是骗局，千万不要抱着侥幸的心理，更不能参与违法交易。

5. 凡是以各种名义要求你先付款的信息，请不要轻信，也不要轻易把自己的银行卡借给他人。你的财物一定要在自己的控制之下，不要交给他人，特别是陌生人。遇事要多问几个为什么。

6. 提高自我保护意识，注意妥善保管自己的私人信息，如本人证件号码、账号、密码等，不向他人透露，并尽量避免在网吧等公共场所使用网上电子商务服务。网络诈骗，正以诡谲多变、防不胜防的态势侵入我们的生活。

7. 不要主动与对方联系，拨打所谓的咨询电话，这样只能使您一步步上钩。

8. 不要过分依赖网络，遇到有人借款，要牢记"不决断晚交钱，睡一觉过一天，再找亲人谈一谈"的口诀。比如对

方要求你现在把钱给我寄过来，你就记住不决断晚交钱，说等一等，明天再说；第二句话"睡一觉过一天"是说一般睡一觉到第二天早上起来都明白了，当时觉得比较晕，叫忽悠，睡一觉就好了；最后是找同学、室友、亲人谈一谈，大家聊一聊。有这三句话就保了三个险。

9. 一旦发觉对方可能是骗子，马上停止汇款，不再继续交钱，防止扩大损失。

10. 马上进行举报，可拨打官网客服电话、学校保卫处电话、当地派出所电话或 110 报警电话向有关部门进行求证或举报。

其他应采取的网络安全防范措施还包括：

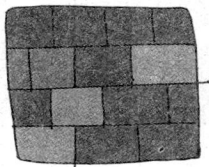

一是安装防火墙和防病毒软件，并经常升级；

二是注意经常给系统打补丁，堵塞软件漏洞；

三是禁止浏览器运行 JavaScript 和 ActiveX 代码；

四是不要上一些不太了解的网站，不要执行从网上下载后未经杀毒处理的软件，不要打开 MSN 或者 QQ 上传送过来的不明文件等，加强对各类 QQ 病毒的防范和清除措施。

最后提醒大家，不管是现实诈骗还是网络诈骗，骗子最终的核心或者是共同点都是一个骗字，只要同学们多加强预防心理，多提高一些警惕，多留点心眼，就一定会发现狐狸尾巴的。

什么是网瘾

网瘾是指由重复地使用网络所导致的一种慢性或周期性的着迷状态，并产生难以抗拒的再度使用的欲望，同时会产生想要增加使用时间的张力与耐受性、克制、退瘾等现象，对于上网所带来的快感会一直有心理与生理上的依赖。

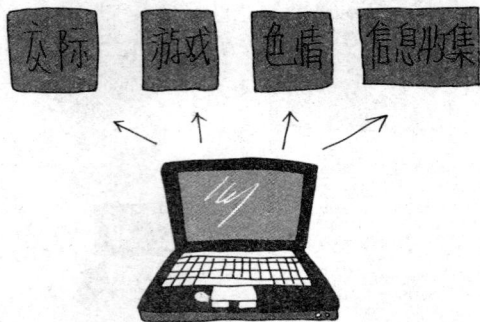

网络成瘾越来越受到心理学界的关注，美国心理学会（APA）于 1997 年正式承认"网络成瘾"研究的学术价值。2002 年 7 月中国因特网络信息中心的统计结果表明中国上网用户已达 4580 万人，网络成瘾的问题也正日益凸现出来。

网瘾的主要类型和表现

网络成瘾主要包括网络游戏成瘾、网络交际成瘾、色情成瘾、强迫信息收集成瘾、网络技术成瘾五类。

1. 网络游戏成瘾

患者长时间地沉迷于网络游戏而不能自拔。它是最早引起人们注意的网络成瘾症。

2. 网络交际成瘾

利用各种聊天软件及网站的聊天室进行人际交流，并到了成瘾的程度。又可分为交友成瘾和网恋成瘾两种。网络交友成瘾与网恋成瘾的共同点都是从网上寻找朋友。与网络交友成瘾不同的是，网恋成瘾者交谈的对方通常是异性关系，并在网上确立了恋爱关系，享受着恋情带给他们的快乐，并不可遏止地越陷越深。

3. 网络色情成瘾

在网络中，各种与性和色情有关的网站比比皆是，各种淫秽文字、声音、图像信息泛滥，充斥在网络中，并毫无障碍地在网络中传播，只要稍不留心，就可能误入其中而不能自拔。有些人就是受到这些不良信息的影响，沉迷于网络，甚至在现实生活中也做出各种恶性伤害事件。

4. 强迫信息收集成瘾

这类成瘾者经常强迫性地从网上收集无用的、无关紧要的或者不迫切需要的信息。这种现象与以强迫性物品收集为主的强迫症类似。患者下网后担心错过了什么"重要"的信息，即使这些信息对他来说是无关紧要的，也总想查看或者下载到自己的计算机中。

目前，青少年利用网络搜集信息已经十分广泛，很多学生从网上获取未知的知识和信息。他们并不沉迷于网络游戏和娱乐，他们关注信息的搜集甚至知识的积累，一定程度上他们的行为有益于学习或者说容易被认为有益于学习。但是，随着网上冲浪、搜集信息时间的增多，这些人每天都会从网上收集大量的并不重要的信息，下载尽可能多的学习等方面的软件，重复登记和登陆各种免费的邮箱和网址，浏览不同的博客，不停地转贴东西以换回高的点击率。久而久之，他们生怕漏掉一点信息，每天都会为一点点事情搜集大量的资料，企图占有网上所有的资源。这时他们的行为已经表现为一种强迫症，即心理学上讲的"以反复出现强迫观念和强迫动作为基本特征的一种神经性障碍"。事实上，与对网络有一种心理的依赖感，以娱乐为主要目的，沉迷其中，不断增加上网时间的网瘾群体相比，这种以"学习"为初衷的网络强迫症群体虽然起初上网的初衷是为了获取有用的信息，找寻学习资料，对上网娱乐并不是很感兴趣，他们认为搜集信息本身也是一种学习，家长和老师一般也不会控制这种打着"学习"旗号的网上搜集信息活动，但是面对网络上永无终点的信息，他们都同样地表现出上网时间的逐步增加，产生了对网络搜集信息的心理依赖感。这已属于一种网络成瘾的初期状态。如果任其发展下去就会演变为重度的网络上瘾（即上网行为冲动失控，过度上网），不仅影响课业，还会导致社

会和心理的适应行为损害。

5. 网络技术成瘾

患者强迫性地沉溺于电脑编程或游戏程序中，不能自拔。这与电脑程序员的工作不同，网络技术成瘾的患者往往没有目的，无计划。

这些类型表现在个体上往往是交叉重叠的，但无论哪一种类型，其对个体的影响都是负面的。据不完全统计，学生通不过考试的有三分之一以上与无节制上网有关；而考试作弊的人中有二分之一以上是过度上网；退学或试读的学生中，有60%以上迷恋网络。因长期上网浏览各种暴力、色情、血腥、恐怖的图片和信息，强化了个体的进攻性行为而导致校园暴力事件的有之；因迷恋网上在线人际关系而网恋，导致情感挫折，诱发自残，甚至自杀的有之；因被网络所惑出现精神障碍的有之；而逃课上网、翻墙外出上网吧彻夜不归、上机课偷打游戏聊天等等更是屡见不鲜，甚至有些恶性事件震惊社会各界。

青少年网瘾的症状

对因上网造成社会功能受损的未成年人，并符合以下情况时，家庭和学校应到精神卫生专业机构寻求帮助。

1. 对上网有强烈的渴望或冲动，想方设法上网。

2. 经常想着与上网有关的事，回忆以前的上网经历，期待下次上网。

3. 多次对家人、亲友、老师、同学或专业人员撒谎，隐瞒上网的程度，包括上网的真实时间和费用。

4. 自己曾经做过努力，想控制、减少或停止上网，但没有成功。

5. 若几天不上网，就会出现烦躁不安、焦虑、易怒和厌烦等症状，上网可以减轻或避免这些症状。

6. 尽管知道上网有可能产生或加重原有的躯体或心理问题，仍然继续上网。

如何判断上网成瘾呢？主要表现为，因担心电子邮件是否送达而睡不着觉；一到电脑前就废寝忘食；常上网发泄痛苦、焦虑等。以上症状是上网综合征的初期表现。更有甚者表现为上网时身体会颤抖，手指头经常出现不由自主敲打键盘的动作，再发展下去则会导致舌头与两颊僵硬甚至失去自制力，出现幻觉。专家建议，一旦出现网瘾，必须立即与电脑阶段性隔离。

网瘾可怕，但可防患于未然。专家建议，一旦出现上网综合征的初期表现，必须立即与电脑分开，停止上网。防止网瘾最重要的一条就是严格控制上网时间，每天以不超过两小时为宜。青少年处于发育时期，更应严格节制。

小学生网瘾形成的原因

首先，小学生的年龄都比较小，最大的也只不过十多岁，小的六岁，对于这样的年龄的孩子来说他们都非常喜爱新的事物，对新的事物充满了好奇心，但自控能力比较差，这是

他们的一大共性。

其次，现在的家庭条件都比较好，家长给孩子都创造了好的生活条件，大多孩子都较早地接触到电脑网络，独生子女多，对孩子的娇惯和溺爱的情况大多存在，在对待孩子上网的问题上感觉孩子小不会出什么大的问题，所以从思想上不能很好地重视，更不要说是严格的管理了，一旦发现孩子已染上网瘾时才引起重视，就会用各种办法来阻止孩子在家中上网甚至用极端的打骂方法，不能够很好地给予引导，在学校这样的学生也会因常常上网而发展为说谎逃课。

青少年网瘾的成因

"网瘾"问题的产生既有主观也有客观上的原因。性格内向、自制力差、无成就感、自卑、自闭、压抑、好奇、缺少朋友的人易成瘾，网络可以满足在现实生活中得不到的东西。如：发泄、张扬、友情、爱情、风光和成就感等。客观原因包括家庭和学校教育：批评多、要求严、沟通少、受伤害、得不到尊重；计算机普及快，而教育、娱乐的正面软件滞后；法制不健全，学校、社会、家庭对上网的不制约等。

一、内部因素

内因是主导因素，属本因，是导致网瘾的重要因素。

1. 满足感缺失：包括学业失败、孤独感、人际障碍等

网瘾的大部分人群都会出现学业失败，从而导致心理空

虚，缺乏自信，长时间会有一种孤独感。经历这些情况的青少年，为满足自己的内心，通常会选择逃避，最容易在网络的虚拟世界中重新找到失去的自我和可以满足的成就感。

秀出自己

2. 生理及人格：主要包括人格特征和生理特点等

网瘾的高发人群多为12—18岁的青少年，以男性居多，男女比例为2∶1，而这个时期的孩子，本身大脑皮层发育不完善，意识也比较弱化，理解判断力差，自控能力也比较差。他们大多都处于青春期，反叛心理严重，对新鲜事物又充满了好奇，寻求刺激、惊险和浪漫，以满足这个阶段的人生需求，而网络出现之后，网络游戏、色情和聊天，恰好适应了青少年的心理需求，自然就会网络成瘾。

3. 自控能力欠缺

中学生正处于求知欲旺盛的时期，他们对于外界的各种新鲜事物都充满了好奇。相对传统媒介而言，因特网作为一个新兴事物更能吸引他们的目光。他们在好奇心的驱使下，抱着试一试、看一看的心理接触网络。但中学生正处于心理、行为上的变动期，价值观和行为方式尚未定型，与成年人相比，其自制性和自律性较为逊色，因而他们一旦上网便难以抵制网络的诱惑，往往可能被网上光怪陆离且层出不穷的新游戏、新技术和新信息网住。

4. 认知能力有限

中国青少年从小接受的是正面教育，在涉及国家命运和民族利益的大是大非问题上，他们辨别是非和自我控制能力还是很强的。但是虚拟网络毕竟充斥着大量"垃圾信息"和"虚假资讯"，对于身处社会边缘、分辨能力有限的中学生来说，面对网上新奇、刺激的信息极易受其诱惑。

5. 自我意识强烈

中学时期是人生中自我意识和叛逆心理最强烈的时期，中学生急于摆脱学校、教师、家庭的管制，丢开书本，追求独立个性和成人化倾向，确立自我价值，网络恰好提供了这样一个虚拟的空间。

网络自由平等的特性，为中学生创造了"海阔凭鱼跃，天高任鸟飞"的天地。在网络上人人平等，在匿名的保护下可以畅所欲言，不用担心受到什么审查，带来什么惩罚，而且观点越新、奇、特，可能得到的反响越大、回应越多。网络成为中学生展现自我的平台。

二、外部因素

外因仅是被动因素，属表因，是形成网瘾的诱因。

1. 社会环境：包括网吧的出现，网络游戏的流行、同学之间的攀比、从众等

随着高科技的出现，网络已逐步走进我们的生活，除了满足我们正常工作、学习、沟通交流外，开发者也始终不忘

对游戏和娱乐项目的开发，因此出现了惊险的网络游戏、激情的色情电影和有趣的网络聊天等，极大地满足了青少年的心理需求。鉴于青少年意志力薄弱，善于群体活动，他们会更多地相互模仿、攀比。而很多成年人也会有网瘾，同时影响到孩子，所以青少年网瘾与社会环境有着密切的关系。

2. 家庭教育：包括家庭环境及教育方式等

家庭教育是导致青少年网瘾的重要因素，一方面受家庭环境的影响，很多家长因工作忙，没有时间照顾孩子，或是父母本身就是网迷，更加滋生了孩子上网的欲望。另外，还有很多家长对于已经染上网瘾的孩子，实施打骂及家庭暴力，或干脆放弃对孩子的教育，最终错过了戒除网瘾的最佳时机，毁了孩子的学业。

3. 教育环境

在电子信息时代的大环境下，电脑和网络成为中学生不可或缺的学习工具，但缺乏老师和家长有效引导的中学生则更多地把电脑和网络当做一种娱乐工具。另一方面，中学生的学习

压力较大，学生学习上经常遭受挫折，又得不到家人、老师和同学的理解，为宣泄心中的苦闷，逃避不愿面对的现实，往往在网上寻求安慰、刺激和快乐，以宣泄平时的压抑情绪。

哪类孩子易染上网瘾

第一种：学习失败者

由于家长、老师对孩子的期望过于单一，学习成绩的好坏成为孩子成就感的唯一来源，此时，一旦学习失败，孩子们会产生很强烈的挫败感。但是在网上，他们很容易体验成功：闯过任何一关，都可以得到"回报"，这种成就感是他们在现实生活中很难体验到的。

第二种：学习特别好的学生

不少本来学习好的学生在升入更好的学校后，无法再保持原有的名次和位置，这时，他们对"努力学习"的目的产生了怀疑。按照老师和父母的逻辑，学习是为了"上大学——找到好工作——挣钱"，当他们失去了为"名次"、"位置"等学习的内在动力后，无法认同老师和父母的逻辑，因为，即使不用学习也可以从父母那里得到钱。于是，一些人开始迷恋网络。其实，造成这些孩子依赖网络的根本原因是没有形成正确的学习观。

第三种：人际关系不好的学生

人际关系不好的孩子希望上网逃避现实。许多学生虽然成绩不错，可是性格内向、猜忌心强，而且小心眼，碰到问题时没

能得到及时解决就沉迷于网络，使学习和生活受到严重影响。

第四种：家庭关系不和谐的学生

随着离婚率、犯罪率升高等社会问题的增多，社会上的"问题家庭"也在增多，这些孩子通常在家里得不到温暖。但是在网络上，他们提出的任何一点儿小小的请求都会得到不少人的帮助。现实生活和虚拟社会在人文关怀方面的反差，很容易让"问题家庭"的孩子"躲"进网络。

第五种：自制力弱的学生

不少上网成瘾者都有这个问题，他自己也知道这样不好，也不想这样下去，但是一接触电脑就情不自禁。这是典型的自我控制力不强。生活中要面对很多选择，选择什么是对，什么是错，选择什么该做，什么不该做。如果将人生的元素尽量简化，那么人生最重要的事情就是选择，选择的正确率越高，成功率就越大。

网瘾对青少年的危害

据中国青少年网络协会提供的数据，目前，城市上网小学生比例为 25.8％，初中生为 30％，高中生为 56％。我国网瘾青少年约占青少年网民总数的 13.2％，而 13 岁至 17 岁的中学生群体成为"网瘾重灾区"。网络这把"双刃剑"正在无情地

吞噬着青少年的身心健康，因迷恋上网而逃学、离家出走、抢劫甚至猝死在网吧、走向犯罪道路的现象屡屡发生。

一、危害青少年的身心健康

网络成瘾者因为对因特网产生过度依赖而花费大量时间上网。青少年正处于身体发育的关键阶段，沉迷于网络世界，长时间连续上网，新陈代谢、正常生物钟遭到了严重的破坏，身体容易变得非常虚弱。还有研究表明，青少年长期沉溺于网络中，不仅会影响头脑发育，还会导致神经紊乱，激素水平失衡，免疫功能下降，引发紧张性头疼，甚至导致死亡。同时，不良的上网环

境也会损害青少年的身体健康，而网吧大多环境恶劣、空气浑浊、声音嘈杂，青少年在这种环境的网吧内上网，也容易被传染上疾病。网络成瘾对青少年健全心理的发展也是一个严峻的挑战。长期上网会引发青少年"网络孤独症"和"忧郁症"等心理疾病，过分关注人机对话，对外界刺激缺乏相应的情感反应，对亲友冷淡，对周围事物失去兴趣，严重时对一切都漠不关心，把与别人的交往当成一种可有可无的事情，变得越来越孤僻，造成青少年个性的缺陷；网络成瘾者一旦停止上网便会产生上网的强烈渴望，难以控制对上网的需要或冲动。这种冲动使其在从事别的活动或工作、学习时注意力不集中、不持久，造成青少年心理的错位和行动失调；"网恋"和网络聊天会引发青少年的感情纠葛，导致各种情感问题，造成青少年心理的创伤；网络成瘾者过度沉溺于网络中的虚拟角色，容易迷失自我，将网络上的规则带到现实生活中，造成青少年自我认识的障碍。

二、导致青少年学习成绩的下降

　　青少年沉溺于因特网带来了大量教育上的问题，染上网瘾的青少年，被网络挤占了原本属于读书和思考的时间，导致的直接的后果就是学习成绩的下降。同时，国外也有研究表明，长期上网，沉湎于网络游戏的孩子，其智力会受到很大的影响，甚至

导致智商下降到正常孩子的标准水平线以下，这也会间接地影响孩子的学习成绩。在网上也有一些商家为了赚钱，建立一些帮写论文、写作业赢利的网站，一些缺乏自律的青少年便从网上购买作业、论文敷衍老师，学习态度大打折扣，学习成绩可想而知。网络成瘾者沉迷于网络虚拟世界，对现实生活失去兴趣，对枯燥的学习更是失去兴趣，会出现厌学、逃学、辍学的情况，学习成绩一落千丈。据中科院心理研究所对上海地区 13 所大学的调查统计，2004 年上海大学一次性退学的 81 名学生，都是因为网络游戏成瘾导致的学业大幅度下滑导致。

三、弱化青少年的道德意识，诱发青少年走向犯罪的道路

在网络世界，人们的性别、年龄、相貌、身份等都能借助网络虚拟技术得到充分的隐匿，人们的交往没有责任也没有义务。人们不必面对面地直接打交道，从而摆脱了熟人社会众多的道德约束。青少年在网络世界中，缺少了以教师、家长为核心的人际关系对他们行为的监督，他们在网上自由任性，缺少道德自律，容易在网络游戏、黄色网站中放纵自己的欲望。人性恶的一面也可能会因为没有道德的约束而得到充分的宣泄，这就弱化了青少年的道德意识和社会责任感，

有可能导致他们走向犯罪的道路。同时网络信息良莠不齐，其中不乏一些色情、暴力信息，涉世未深的青少年容易受到不良的诱导，最终可能误入歧途。近年来，未成年人的暴力犯罪和性犯罪明显上升，这与网络游戏中大力宣扬暴力、色情有很大关系。更有一些青年，为了支付网费而走上犯罪的道路。上海某区检察院自 2003 年至今办理因网络引发的未成年人犯罪案件共 8 件 21 人，占受理案件数的 19％，同比上升了 100％，在其他类型的未成年人犯罪案件稳中有降的情况下，网络引发的未成年人犯罪案件却大幅上升。

四、影响青少年人际交往能力的正常发展

首先，网络成瘾者大多性格孤僻冷漠，容易与现实生活产生隔阂，导致自我更加封闭，进而不断地走向个人孤独世界，从而拒绝与人交往。同时，网络成瘾者沉溺于虚拟完美的网络世界之中，沉醉于一种虚拟的满足，他们从网络游戏中得到了个人成就感的满足，他们从网恋中得到了个人归属感的满足，他们可以在网络世界充分张扬自己的个性，在虚拟的网络世界里，他们已经拥有了一切。而在现实世界中，一切都不是那么完美，朋友经常欺骗，爱人随时背叛，因此他们认为现实生活中的人际交往是一种可有可无的事情，从而不愿意与人交往，拒绝与人交往，拒绝融入社会，是网络带给网瘾青年的一大问题。其次，沉溺于网络世界中，还造成了青少年与他人交往频率的减少，迷恋人机对话模式，对着电脑屏幕行文如水、滔滔不绝，丢掉键盘鼠标就变得沉默寡言，在现实生活中语言表达能力出现障碍，只有到了电脑前，手按着键盘，才能表达自己的想法，从而更难与别人更好地交流。更有甚者，还会得一种名叫"社交恐惧症"的心理疾病，表现为怕与人见面、谈话，见人就紧张，面红耳赤，颤抖，因而常独居屋内避不见人。调查表明，56.3％的网络成瘾者人际关系较差。相比之下，46％的非成瘾者能将自己与同学、亲友的关系相处得很好。

五、影响青少年正确人生观、价值观的形成

在网络社会，一切都呈开放状态，体现着不同意识形态、价值观念的信息在网络大行其道，网络内容丰富复杂，良莠不齐。网络文化虽然价值观多元化，但实际上仍受西方文化的主导。西方国家利用网络大力宣扬其政治制度和文化思想，同时国内外一些不法分子及对社会主义中国不怀好意的人或群体，更是利用网络大量散播着反社会主义、反人民反政府的宣传言论，甚至故意歪曲事实，混淆视听。在网络上有形形色色丰富多彩的信息，其中色情信息、暴力信息混杂其中。还有些人人为地在网上制造病毒，宣扬消极颓废甚至违法犯罪的思想。鉴别力和判断力水平较弱的青少年网络成瘾者沉迷网络之中，是首当其冲的受害者，青少年在因特网上接触的消极思想会使他们的价值观产生倾斜，在潜移默化中影响青少年正确的人生观和价值观的形成。

如何预防网瘾综合征

网瘾综合征患者的最主要表现是：上网时精神兴奋，心潮澎湃，欲罢不能，时间失控。沉溺于网上聊天或网上互动游戏，并由此而忽视与社会的交往、与家人的沟通，甚至对

上网形成越来越强烈的心理依赖，以致不能分离。

专家发现，网瘾综合征患者由于上网时间过长，大脑神经中枢持续处于高度兴奋状态，会引起肾上腺素水平异常增高，交感神经过度兴奋，血压升高，植物神经功能紊乱。此外，还会诱发心血管疾病、胃肠神经官能症、紧张性头痛等病症。

网瘾综合征完全是人为的，只要加强自我保健，便可防止此病发生。

1. 要避免长时间坐在电脑前，以免对身体发育造成不良影响，每次上网时间最长不超过 2 小时。连续使用 1 小时后，到室外活动，呼吸一下新鲜空气。在上网时间上要自我约束，特别在夜间上网时间不宜过长。

2. 注意操作姿势。荧光屏应在与双眼水平或稍下位置，与眼睛的距离应在 60 厘米左右。敲击键盘的前臂呈 90 度。光线柔和，不可太暗。手指敲击键盘的频率不宜过快。

103

3. 平时要丰富业余生活，比如外出游玩、和同学聊天、散步、参加体育锻炼。

4. 在饮食上要注意多吃一些胡萝卜、荠菜、芥菜、苦瓜、动物肝脏、豆芽、瘦肉等含丰富维生素和蛋白质的食物。

5. 出现早期症状，应及时停止操作并休息。

6. 一旦出现网瘾症状，不要紧张，要尽早到医院诊治，必要时可安排心理治疗。

家庭和学校对青少年网瘾的预防

对于有了网瘾的青少年，学校和家长往往束手无策。有的听之任之，放任不管；有的居高临下，怒斥惩罚。结果当然无济于事。也有的是动之以情、晓之以理，但效果也不明显。学校和家庭的网瘾教育往往充满挫折感，网瘾就成为青

少年教育久治不愈的重大难题。为何如此？原因就在于学校和家庭没有充分认识和深刻分析网瘾的症状及其危害，在学生和子女上网初期，缺乏对他们进行网瘾症状及其危害性的深刻教育和细致剖析，一旦发现他们已经成瘾却为时已晚。

因此，加强青少年学生网瘾教育必须重在预防，必须未雨绸缪，必须从娃娃抓起。在青少年未上网或未成瘾之前，家长、学校、社会必须多管齐下，积极营造广泛的舆论氛围，开展有效的网络"双刃剑"教育，侧重点要加强网瘾的危害性教育，让青少年学生充分认识到网瘾必将带来的危害，从而加强他们对网络的自身免疫力和对网络危害的预防力，努力提高他们的心理素质，不断健全他们的鉴别能力、自控能力，最终帮助其完善人格。

1. 构建全面的评价标准，促进未成年人的身体、智力和心理平衡协调发展。改变主要以学习成绩评价孩子的单一、片面的评价方法和标准。家庭、学校要从学习、体育、文艺、实践动手能力等角度建立全面的评价标准，让每个未成年人在现实生活中能够获得自信和价值感。

2.丰富学校的课余活动。学校和家长要注重培养未成年人多方面的兴趣，支持未成年人间建立多种互动，适当开展有利于未成年人身体、智力、心理全面发展的以娱乐、创新性为主题的课余活动，使未成年人能从多渠道获得成就感。

3.家长应关注和陪伴未成年人成长。在未成年人成长的过程中，家长要担负起关注、陪伴的责任，帮助他们在现实世界与网络环境中保持适当的人际距离，促进形成良好的同伴关系，建立稳定的安全感和亲密关系。

4.教师和家长要了解网络，关注未成年人的上网行为。要做到以下八点：（1）了解未成年人常访问的网站，与他们一起上网和讨论，用成年人的经验帮助他们离开网络垃圾。（2）尽量了解网络的多种功能和作用，并指导未成年人学会使用。（3）了解过度使用网络的消极影响，不时评估、判断未成年人使用网络的状况。若发现有网络使用不当的问题，及时处理。

5. 建立良好的师生关系和亲子关系，增加未成年人对教师、家长的信任感。教师和家长要善于发现每个未成年人的优点和特长，及时给予肯定和鼓励，帮助未成年人建立自信，充分发挥自身潜能。

家长要学会"弹性引导"

1. 家长在孩子的"脱瘾"过程中扮演着很重要的角色，必须打破原来一味地打骂埋怨或者放纵溺爱的传统做法。家长应该定期与孩子交流，创造有利于孩子的成长环境，满足孩子正常的人际交往、游戏等方面的需求。家长们要更新观念，提高对网络时代的认识，不能因网吧出了几起事故就谈网色变，不让孩子上网。

2. 家长要学会上网，家长不懂网络，就不能正确引导孩子上网，督促孩子健康上网。应该注意发现孩子上网中碰到的问题，在上网过程中及时与其交流，一起制订有效的措施。同时，家长还可以在电脑上设置防火墙，防止孩子受到不良文化和信息的影响。

3. 家长要善用网络，当好孩子的引路人，要引导孩子选择有利于他们成长的网站。

4. 家长要适时监督，把握孩子在家上网或去网吧的质、量、度，孩子自制力差，综合判断能力较弱，父母要适时提醒，适当督促孩子上网有度，并郑重告诉孩子不要光顾色情网站。

5. 家长要掌握一定的心理学治疗知识。很多家长面对子女网络成瘾，往往是苦口婆心地劝说、哭诉，最终又束手无策。正确的做法应该是正确面对，并用适当方法去改变孩子，转移孩子的兴趣，帮助他们走出网络成瘾这个迷阵。

6. 改变对孩子的错误教育方法。许多父母教育方式过于简单，要么一味溺爱、放纵，最终导致孩子性格不成熟，独立处理问题能力差，使孩子不能合理应对外界事物；要么对孩子严加看管，甚至将其关在家里，不能出门。一旦孩子网络成瘾，便恨得咬牙切齿，恨不得将孩子一棍子打死。这些对孩子的错误教育方式，都是导致网络成瘾的高危因素。事实上，对孩子实行正确的家庭教育，是改变网络成瘾问题的关键。善于"弹性说服"，要设身处地为孩子着想，了解孩子的需要，切忌危言耸听。

7. 家长强化鼓励孩子的长处，必要时可暗示不足之处；让孩子独立承担家务劳动，并长期坚持；经常与孩子共同完成其力所能及的工作；遇事征求孩子的意见，并采纳合理的建议；关心

孩子的身心健康，及时协助孩子调整负性的心理状态。

8. 间接转移孩子的注意力。可以带孩子出去旅游，既能开拓孩子的眼界，又能锻炼动手能力、交际能力。

9. 家长在社区中，还可以联合其他家庭，在小区中营造健康的文化交流环境。在学校不能控制的业余时间，可在社区的帮助下，组织孩子搞些有益的网络竞赛，宣传网络技能，通过家庭的比赛和交流，引导孩子怎样正确使用网络。

上网安全常识

1. 尽量不要下载个人站点的程序，因为这个程序有可能感染了病毒或者带有后门。

2. 不要运行不熟悉的可执行文件，尤其是一些看似有趣的小游戏。

3. 不要随便将陌生人加入 OICQ 或者 ICQ 等的好友列表，不要随便接受他人的聊天请求，避免遭受端口攻击。

4. 不要随便打开陌生人的邮件附件，因为它可能是一段恶意 html 或者 javascript 代码（已经发现 html 代码可以格式化你的硬盘），如果是可执行文件，可能是后门工具。

5. 在支持 javascript 或者 html 的聊天室里，最好不要接受对方的 JS 或者 html，因为它有可能是窗口炸弹或者巨型的图片，如 10000 * 10000 像素，你不敢保证你的系统可以承受如此大的负荷而不会死机。

6. 不要逛一些可疑或者另类的站点，因为 IE 的许多漏洞可以使恶意的网页编辑者读出你机器上的敏感文件。

7. 使用安全的软件

（1）只到绿色安全的软件下载站下载软件。

（2）开启操作系统及其他软件的自动更新设置，及时修复系统漏洞和第三方软件漏洞。

（3）非下载站获得的软件在运行前须进行病毒扫描。

（4）定期全盘扫描病毒等可疑程序。

（5）定期清理未知可疑插件和临时文件。

计算机感染病毒的症状

计算机病毒，是指编制或者在计算机程序中插入的破坏计算机功能或毁坏数据，影响计算机使用，并能自我复制的一组计算机指令或程序代码。

从目前发现的病毒来看，计算机感染病毒后的主要症状有：

1. 由于病毒程序把自己或操作系统的一部分用病毒隐藏起来，磁盘病毒莫名其妙地增多。

2. 由于病毒程序附加在可执行程序头尾或插在中间，使可执行程序容量加大。

3. 由于病毒程序把自己的某个特殊标志作为标签，使接触到的磁盘出现特别标签。

4. 由于病毒程序本身或其复制品不断侵占系统空间，使

可用系统空间变小。

5. 由于病毒程序的异常活动，造成异常的磁盘访问。

6. 由于病毒程序附加或占用引导部分，使系统引导变慢。

7. 丢失数据和程序。

8. 中断向量发生变化。

9. 打印出现问题。

10. 死机现象增多。

11. 生成不可见的表格文件或特定文件。

12. 系统出现异常活动。

13. 出现一些无意义的画面问候语等。

14. 程序运行出现异常现象或不合理的结果。

15. 磁盘卷标名发生变化。

16. 系统不认识磁盘或硬盘，不能引导系统等。

17. 在系统内装有汉字库正常的情况下不能调用汉字库或不能打印汉字。

18. 在使用没有写保护的软件的软盘时屏幕上出现软盘写保护的提示。

19. 异常要求用户输入口令。

计算机病毒的查杀

若现在发生以上状况，千万不要迟疑，遵循以下步骤处理：

1. 立刻关掉电源。

2. 找"决对干净"的 DOS 系统磁盘启动计算机。这时，记得要关上这张磁盘个写保护。

3. 用杀毒软件开始扫描病毒。

4. 若侦测到是文件中毒时，则有三种方试处理：删除文件、重命名文件或是清除病毒。记住：千万不要对中毒文件置之不理，特别是不能让其停留在可执行文件中。

5. 若侦测到的是硬盘分区或引导区的病毒时，则你可以用干净的 DOS 磁盘中的 FDISK 指令，执行 FDISK/MBR 命令，以恢复硬盘的引导信息；或是在 A 驱中执行 A：/> SYS C：（C：为中毒磁盘），以救回硬盘引导区的资料。

6. 然后，重新建文件、重新安装软件或准备备份资料，请切记，备份资料在重新导入系统前，应先进行扫描，以防万一。

7. 千万记住，重新建文档到开始运行之前应再次扫描整个系统，以免中毒文件不小心又被存入系统中。

8. 现在可以安心地开始操作计算机了。

注意：每周至少更新一次病毒库。

十个常用网络密码安全保护措施

当前，大部分用户密码被盗多是因为缺少网络安全保护意识以及自我保护意识，以致被黑客盗取引起经济损失，今天我们将讨论一下针对十类破解方法的对策，也举出十类密

码安全和保护措施，可以帮助用户提高网络安全意识。

1. 使用复杂的密码

密码穷举对于简单的长度较少的密码非常有效，但是如果网络用户把密码设得较长一些而且没有明显的规律特征（如用一些特殊字符和数字字母组合），那么穷举破解工具的破解过程就变得非常困难，破解者往往会对长时间的穷举失去耐性。通常认为，密码长度应该至少大于 6 位，最好大于 8 位，密码中最好包含字母数字和符号，不要使用纯数字的密码，不要使用常用英文单词的组合，不要使用自己的姓名做密码，不要使用生日做密码。

2. 使用软键盘

对付击键记录，目前有一种比较普遍的方法就是通过软键盘输入。软键盘也叫虚拟键盘，用户在输入密码时，先打开软键盘，然后用鼠标选择相应的字母输入，这样就可以避免木马记录击键。另外，为了更进一步保护密码，用户还可以打乱输入密码的顺序，这样就进一步增加了黑客破解密码的难度。

3. 使用动态密码（一次性密码）

动态密码（Dynamic Password）也称一次性密码，它指用户的密码按照时间或使用次数不断动态变化，每个密码只使用一次。动态密码对于截屏破解非常有效，因为即使截屏破解了密码，也仅仅破解了一个密码，下一次登录不会使用这个密码。不过鉴于成本问题，目前大多数动态密码卡都是刮纸片的那种原始的密码卡，而不是真正意义上的一次性动态密码，其安全性还是难以保证。真正的动态密码锁采用一种称之为动态令牌的专用硬件，内置电源、密码生成芯片和显示屏。其中数字键用于输入用户 PIN 码，显示屏用于显示一次性密码。每次输入正确的 PIN 码，都可以得到一个当前可用的一次性动态密码。由于每次使用的密码必须由动态令牌来产生，而用户每次使用的密码都不相同，因此黑客很难计算出下一次出现的动态密码。不过真正的动态密码卡成本在 100 到 200 元左右，较高的成本限制了其大规模的使用。

4. 网络钓鱼的防范

防范钓鱼网站的方法是，用户要提高警惕，不登录不熟悉的网站，不要打开陌生人的电子邮件，安装杀毒软件并及

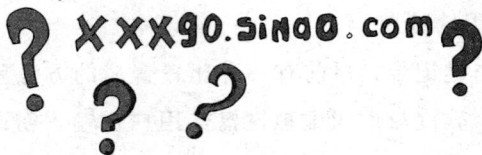

时升级病毒知识库和操作系统补丁。使用安全的邮件系统，Gmail 通常会自动将钓鱼邮件归为垃圾邮件，IE7 和 FireFox 也有网页防钓鱼的功能，访问钓鱼网站会有提示信息。

5. 使用 SSL 防范 Sniffer

传统的网络服务程序，HTTP、FTP、SMTP、POP3 和 Telnet 等在本质上都是不安全的，因为它们在网络上用明文传送口令和数据，嗅探器非常容易就可以截获这些口令和数据。对于 Sniffer（嗅探器），我们可以采用会话加密的方案，把所有传输的数据进行加密，这样 Sniffer 即使嗅探到了数据，这些加密的数据也是难以解密还原的。目前广泛应用的

是 SSL（Secure Socket Layer）就可以方便安全地实现加密数据包传输，当用户输入口令时应该使用支持 SSL 协议的方式进行登录，例如 HTTPS、SFTP、SSH 而不是 HTTP、FTP、POP、SMTP、TELNET 等协议。Google 的大多数服务包括 Gmail 都支持 SSL，以防止 Sniffer 的监听，SSL 的安全验证可以在不安全的网络中进行安全的通信。

6. 不要保存密码在本地

将密码保存在本地是个不好的习惯，很多应用软件（例如某些 FTP 等）保存的密码并没有设计得非常安全，如果本地没有一个很好的加密策略，那将为黑客破解密码大开方便之门。

7. 使用 USB Key

USB Key 是一种 USB 接口的硬件设备。它内置单片机或智能卡芯片，有一定的存储空间，可以存储用户的私钥以及数字证书，利用 USB Key 内置的公钥算法实现对用户身份的认证。由于用户私钥保存在密码锁中，理论上使用任何方式都无法读取，因此保证了用户认证的安全性。由于 USB Key 的安全度较高，且成本只有几十元，因此 USB Key 广泛应用于网上银行的数字证书加密。使用 USB Key 后，即使黑客完全远程控制了用户的电脑，也无法成功进行登录认证交易。

8. 个人密码管理

要保持严格的密码管理观念，实施定期更换密码，可每月或每季更换一次。永远不要将密码写在纸上，不要使用容易被别人猜到的密码。

9. 密码分级

对于不同的网络系统使用不同的密码，对于重要的系统使用更为安全的密码。绝对不要所有系统使用同一个密码。对于那些偶尔登录的论坛，可以设置简单的密码；对于重要的信息、电子邮件、网上银行之类，必须设置复杂的密码。永远也不要把论坛、电子邮箱和银行账户设置成同一个密码。

10. 生物特征识别

生物特征识别技术指通过计算机，利用人体所固有的生理特征或行为特征来进行个人身份鉴定。常用的生物特征包括指纹、掌纹、虹膜、声音、笔迹、脸像等。生物特征识别是一种简单可靠的生物密码技术，生物识别技术认定的是人本身，由于每个人的生物特征具有与其他人不同的唯一性和在一定时期内不变的稳定性，不易被伪造和假冒，因此，可以最大限度地保证个人资料的安全。目前人体特征识别技术市场上占有率最高的是指纹机和手形机，这两种识别方式也是目前技术发展中最成熟的。

电脑对人体的五大危害

一、对身体健康的直接影响

电脑显示器伴有辐射与电磁波，长期使用会伤害人们的眼睛，诱发一些眼病，如青光眼等；长期击键会对手指和上肢不利；操作电脑时，体形和全身难得有变化，单一、重复的操作，持久的强迫体位，容易导致肌肉骨骼系统的疾患。计算机操作时所累及的主要部位有腰、颈、肩、肘、腕部等。

由于长时间使用鼠标、键盘，在电脑前一坐就是一整天，反复单一的动作由于幅度变化小，需要相当大的静态支持力，长期处于这种情况下，容易出现局部性骨骼肌肉系统的疲劳和负担。这就使部分神经肌肉组织呈紧张状态，如腕部紧张持续时间长久，会引起手、腕、臂甚至肩部的肌腱发炎、疼痛，有时可累及腱鞘和肌肉组织，形成"腕管综合征"。

二、电脑微波对身体的危害

电脑低能量的 X 射线和低频电磁辐射，容易引起人们中枢神经失调。英国一项办公室电磁波研究证实，电脑屏幕发出的低频辐射与磁场，会导致 719 种病症，包括眼睛痒、颈背痛、短暂失去记忆、暴躁及抑郁等。电脑显示器的原理和电视机一样，当阴极射线管发射出的电子流撞击在荧光屏上时，即可转变成可见光，在这个过程中，会产生对人体有害的 X 射线，而且周围还会产生低频电磁场。青少年尚处于发育阶段，脑细胞极易受到损害，长期在电磁波的辐射下，血液中的白细胞和红细胞的数量会明显减少，并使血液速度减少，容易导致青光眼、失明症、白血病、乳腺癌等病症。据不完全统计，常用电脑的人中感到眼睛疲劳的占 83％，肩酸腰痛的占 63.9％，头痛和食欲不振的则占 56.1％和 54.4％，其他还出现自律神经失调、抑郁症、动脉硬化性精神病，等等。

其中，最受害的是眼睛。因为在注视着荧光屏时，如果间隔很久不眨眼，会导致眼睛干涩、灼热，或是有异物感，视力不稳定或是暂时模糊，可能还会觉得眼皮沉重、眼球胀痛甚至头痛。

三、增加精神和心理压力

操作电脑过程中注意力高度集中，眼、手指快速频繁运动，使生理、心理过度重负，从而产生睡眠多梦、神经衰弱、头部酸胀、机体免疫力下降，甚至会诱发一些精神方面的疾病，内心时常紧张、烦躁、焦虑不安，最终导致身心疲惫。

四、导致网络综合征

长时间无节制地花费大量时间和精力在因特网上持续聊天、浏览，会导致各种行为异常、心理障碍、人格障碍、交感神经功能部分失调，严重者发展成为网络综合征。该病症的典型表现为：情绪低落、兴趣丧失、睡眠障碍、生物钟紊乱、食欲下降和体重减轻、精力不足、精神运动性迟缓和激动、自我评价降低、思维迟缓、不愿意参加社会活动、很少关心他人、饮酒和滥用药物等。

五、电脑散发的气体危害呼吸系统

电脑、激光打印机等设备会释放有害人体健康的臭氧，不仅有毒，而且可造成某些人呼吸困难，对于那些哮喘病和过敏症患者来说，情况就更为严重了。另外，较长时间呆在臭氧气体浓度较高的地方，还会导致肺部发生病变。